志愿服务丛书

VOLUNTEER SERVICE SERIES

社区志愿服务

SHEQU ZHIYUAN FUWU

U0873089

南京出版传媒集团
南京出版社

图书在版编目（CIP）数据

社区志愿服务 / 李学斌主编 . -- 南京 : 南京出版社，2020.11

ISBN 978-7-5533-3012-9

Ⅰ . ①社… Ⅱ . ①李… Ⅲ . ①社区管理—志愿—社会服务—中国—教材 Ⅳ . ① D669.3

中国版本图书馆 CIP 数据核字（2020）第 159815 号

丛 书 名 志愿服务丛书
书　　名 社区志愿服务
主　　编 李学斌
出版发行 南京出版传媒集团
南 京 出 版 社

社址：南京市太平门街53号　　邮编：210016
网址：http://www.njcbs.cn　　电子信箱：njcbs1988@163.com
联系电话：025-83283893、83283864（营销）　025-83112257（编务）

出 版 人 项晓宁
出 品 人 卢海鸣
责任编辑 汪　枫
装帧设计 王　俊
责任印制 杨福彬

排　　版 南京新华丰制版有限公司
印　　刷 南京鸿图印务有限公司
开　　本 787毫米×1092毫米　1/16
印　　张 17.5
字　　数 260千
版　　次 2020年11月第1版
印　　次 2025年5月第3次印刷
书　　号 ISBN 978-7-5533-3012-9
定　　价 32.00元

总　序

※

习近平总书记指出："志愿服务是社会文明进步的重要标志。党的十八大以来，广大志愿者、志愿服务组织、志愿服务工作者积极响应党和人民号召，弘扬和践行社会主义核心价值观，走进社区、走进乡村、走进基层，为他人送温暖、为社会作贡献，充分彰显了理想信念、爱心善意、责任担当，成为人民有信仰、国家有力量、民族有希望的生动体现。"

作为中国志愿服务事业的重要组成部分，青年志愿服务事业是党领导的共青团在新的历史条件下创新工作领域、服务社会需求的一大创举，极大地鼓励了亿万青年投身志愿服务的行列。为了进一步推动青年志愿服务事业的发展，弘扬志愿精神，宣传志愿文化，规范志愿服务组织和队伍的建设，共青团江苏省委根据共青团中央《中国青年志愿者行动发展规划（2014—2018）》和《关于加强青年志愿服务培训工作的方案》的有关要求，依托江苏省志愿者协会高校志愿服务专业委员会，结合志愿服务的工作实践，策划、编写了这套志愿服务丛书。

作为国内首套全方位、多领域、成体系指导志愿服务工作的丛书，其具有以下三个特点：

第一，权威性。本丛书自策划之始，严格按照共青团中央《中国青年志愿者行动发展规划（2014—2018）》和《关于加强青年志愿服务培训工作的方案》相关要求，结合纷繁复杂的具体情况，进行理论升华，构建了一个既有严密理论基础，又有广泛实践支撑的编写体例，保证了丛书的科学性和权威性。

第二，系统性。本丛书的编写过程是对青年志愿服务工作有关的内容加以系统化、规范化的创新工程。相比之前其他地区或部门总结的相关经验，本丛书无论是实践工作的横向跨度，还是理论支撑的纵深度，均体现出由点及线，再由线到面的系统性和专业性。

第三，实用性。本丛书包括通识类和分领域两个系列。其中分领域志愿服务涉及扶贫、环保、助残、关爱农民工子女等热点领域。如何让更多的青年志愿者在相对有限的时间内了解并掌握服务宗旨、服务内容、服务技能等知识，对于志愿服务项目的成功与否具有决定性的影响。本丛书的编写者均为具有丰富志愿服务活动组织、协调、推广经验的高校教师，了解组织志愿服务活动的关键“穴位”，更具有举一反三、提纲挈领的总结归纳能力。因此，本丛书极具实用性，可以作为青年志愿者参与各类志愿服务活动的实践指南。

希望本丛书的编写、出版，能够进一步加强教育引导，强化广大青年志愿者的志愿服务意识，提升专业领域志愿服务水平，为今后青年志愿服务事业的蓬勃发展奠定良好的基础。希望青年志愿者努力践行社会主义核心价值观，以实际行动书写新时代的雷锋故事，以青春梦想、用实际行动为实现中国梦做出新的贡献。

前 言

※

社区志愿服务是一种基于城乡基层社区平台的志愿服务形式，它既是社区服务的重要组成部分，又是志愿服务的主要类型。无论是提供服务的志愿者还是接受服务的对象，其涉及面、参与面非常广泛，在我国常态化社区治理和应对突发性重大事件中，都发挥着不可替代的重要作用。

本书主要面向一线社区志愿者，同时也适用于对社区志愿服务研究感兴趣的高校社会学、社会工作等专业的师生以及从事社区志愿服务管理和实务的实际工作者。本书立足于近年来我国社区志愿服务的理论研究成果及政策实践经验，借鉴社区社会工作的工作方法，从理论基础和具体实务两方面介绍了社区志愿服务的基本理论和工作方法，期望能为一线社区志愿者更好地认识和开展社区志愿服务提供一定的参考和帮助。

本书的内容结构体系由两大部分组成，共9章。第一部分理论篇，是有关社区志愿服务的基础理论，这一部分主要对社区志愿服务的基本理论、发展历程及现状进行总体概述。包括第一章《社区志愿服务概述》，第二章《我国社区志愿服务发展的历程与现状》，第三章《社区志愿服务的内容》，第四章《社区志愿服务的形式》，第五章《社区志愿服务信息化》。第二部分实务篇，是开展社区志愿服务中常用的具体实务方法，包括第六章《接触社区及居民》，第七章《认识社区主要组织和机构》，第八章《如何动员居民参与》，第九章《社区志愿服务项目》。

本书具有以下特色：一、内容新颖，总结了近年来社区志愿服务方面的最新政策、数据、实践及案例。二、实务性强。在实务部分，具体呈现工作方法和过程，收集了相关内容的最新案例及小贴士，以便读者更好地理解和操作。三、通俗易懂。读者群主要面向一线社区志愿者，因此，语言文字力求通俗易懂，可读性强，不追求过度理论化，避免深奥艰涩。四、内容简短。各章节字数均不超过2万字，便于读者快速了解社区志愿服务，便于阅读携带。

本书主编为南京理工大学公共事务学院社会学系李学斌副教授，南京大学社会学博士，硕士生导师，自1999年以来长期为高校社会工作专业本科生和研究生讲授《社区工作》和《社区发展与社会工作》等课程，为街道居委会干部和社区社工开设城乡社区建设等专题讲座，承担社区工作实务培训课程，长期从事社区治理与社区服务方向的调查研究。

编者

目录

第一章　社区志愿服务概述

※

第一节　社区服务的基本概念　003

一、社区服务的界定　004

二、社区服务的特征　005

第二节　社区志愿服务的基本概念　008

一、志愿服务的基本概念　008

二、社区志愿服务的基本概念　009

第三节　社区志愿服务的社会功能　012

一、社区志愿服务是创新社会治理的重要机制　012

二、社区志愿服务是促进社会整合的重要手段　013

三、社区志愿服务是培育和践行社会主义核心价值观的实践载体　013

四、社区志愿服务是回应居民需求、增进社区福祉的有力手段　014

第四节　开展社区志愿服务的基本原则　015

一、以人为本，服务社区　015

二、党和政府倡导，社会广泛参与　016

三、各尽所能，形式多样　017

第二章　我国社区志愿服务发展的历程与现状

※

第一节　我国社区志愿服务产生的背景　021
一、经济社会转型对社区志愿服务的产生起到了重要推动作用　021
二、社区建设的兴起为社区志愿服务的产生提供了社会背景　023
三、我国优秀的历史文化传统为社区志愿服务的开展提供了深厚的文化基础　023
四、计划经济时代的学雷锋活动是社区志愿服务兴起的前奏　024
第二节　我国社区志愿服务的发展阶段　025
一、社区志愿服务的起步探索阶段（1986—1993 年）　025
二、社区志愿服务的稳步发展、巩固提高阶段（1994—2007 年）　027
三、社区志愿服务的迅猛发展、完善规范阶段（2008 年至今）　028
第三节　我国社区志愿服务的特点　032
一、社区志愿服务的发展特点　032
二、社区志愿服务的管理特点　033
第四节　我国社区志愿服务发展的成就与存在问题　035
一、我国社区志愿服务取得的成就　035
二、我国社区志愿服务存在的问题　042
三、完善我国社区志愿服务发展的建议　046

第三章　社区志愿服务的内容

※

第一节　社区生活志愿服务　051
一、社区生活志愿服务的概念　051

二、社区生活志愿服务的内容 051
第二节 邻里互助志愿服务 053
一、邻里互助志愿服务的概念 053
二、邻里互助志愿服务的主要内容和形式 054
三、邻里互助志愿服务的典型模式 057
四、目前邻里互助志愿服务存在的问题 058
第三节 社区文化志愿服务 060
一、社区文化志愿服务的概念 060
二、社区文化志愿服务的主要领域 060
三、社区文化志愿服务的主要形式 061
第四节 社区居民自治志愿服务 064
一、社区居民自治的基本概念 064
二、志愿服务助推社区居民自治 065
第五节 社区矫正志愿服务 070
一、社区矫正志愿服务的内涵 070
二、我国社区矫正志愿服务的发展 072

第四章 社区志愿服务的形式

※

第一节 长期服务与短期服务 077
一、长期服务 077
二、短期服务 080
第二节 单向服务与互助服务 083
一、单向服务 083
二、互助服务 085
第三节 分散服务与集中服务 090
一、分散服务 090
二、集中服务 092

第四节　普通志愿服务和专业志愿服务　095
一、普通志愿服务　095
二、专业志愿服务　096
第五节　定点服务与流动服务　099
一、定点志愿服务　099
二、流动志愿服务　100
第六节　补救型志愿服务和预防型志愿服务　106
一、补救型志愿服务　106
二、预防型志愿服务　108

第五章　社区志愿服务信息化

※

第一节　社区志愿服务信息化概述　115
一、社区志愿服务信息化的背景和含义　115
二、社区志愿服务信息化的目标　118
第二节　社区志愿服务信息化的意义　120
一、社区志愿服务信息化对社区管理的意义　120
二、社区志愿服务信息化对社区志愿服务的意义　121
第三节　社区志愿服务信息化平台的内容　123
一、社区志愿服务信息化平台建设的内容　123
二、社区志愿服务信息化平台的意义　127
第四节　社区志愿服务信息化的形式　129
一、网络平台工作的内容　129
二、软件开发及应用　131
第五节　社区志愿服务信息化中的工作职责　136
一、社区志愿服务专职人员的工作职责　136
二、社区管理人员在社区志愿服务信息化中的工作职责　137
三、志愿者在社区志愿服务信息化中的工作职责　138

第六章　接触社区及居民

※

第一节　进入社区　143
一、进入社区之前的准备　143
二、进入社区的方式　144
三、认识社区　146
第二节　与社区居民接触　152
一、接触的动机　152
二、接触的原则　153
三、接触的过程　155

第七章　认识社区主要组织和机构

※

第一节　街道办事处和社区居委会　163
一、街道办事处的概念与性质　163
二、社区居民委员会的概念与性质　166
三、街道办事处和社区居委会的关系　169
第二节　乡镇政府和村民委员会　171
一、乡镇政府的概念、性质与职能　171
二、村民委员会的概念、性质与职能　172
三、乡镇政府和村民委员会的关系　173
第三节　社区工作站和社区服务中心　175
一、社区工作站的概念和性质　175
二、社区服务中心的概念和性质　176
三、社区工作站和社区服务中心的关系　178
第四节　社区社会组织　179
一、社区社会组织的概念　179
二、我国社区社会组织的发展和类型　180
三、社区社会组织的特征　182

第五节　物业管理公司与业委会　184
一、物业管理公司的概念与性质　184
二、业主委员会的概念与性质　186
三、物业管理公司与业委会的关系　187

第八章　如何动员居民参与

※

第一节　了解居民参与动机　191
一、居民参与概述　191
二、居民参与动机概述　192
三、居民参与社区志愿服务的动机　196
四、如何激发居民参与志愿服务的动机　197
第二节　引导居民建立社区自组织　202
一、自组织的基本概念　202
二、社区志愿自组织的基本概念　203
三、社区志愿自组织的建立　203
第三节　召开参与式讨论会议　210
一、参与式讨论会议的特点　210
二、参与式讨论会议要达到的结果　211
三、参与式讨论会议需要的条件　211
四、开放式空间——参与式讨论会议的主要形式　211
第四节　利用互联网实现线上参与　215
一、居民通过互联网参与社区的内容　215
二、居民通过互联网参与社区的形式　216
三、居民通过互联网参与社区需注意的问题　216

第九章　社区志愿服务项目

※

第一节　社区志愿服务项目概述　221
一、社区志愿服务项目的概念　221
二、社区志愿服务项目与社区志愿服务方案的关系　223
三、社区志愿服务项目书的组成　224
四、社区志愿服务项目主要阶段　227
第二节　社区问题与需求调查　232
一、社区调查的内容　232
二、社区调查的方法　236
第三节　服务项目的制定与优选　239
一、确定志愿服务目标　239
二、撰写志愿服务项目书　241
三、服务项目的优选　242
第四节　服务项目的实施与管理　243
一、项目管理的内容　243
二、项目团队管理　245
三、社区志愿服务项目风险管理　247
第五节　服务项目的评估　250
一、社区志愿服务项目评估的目的与作用　250
二、社区志愿服务项目评估的类型与内容　251
三、社区志愿服务项目评估的过程与方法　253

参考文献　258
后　记　261

第一章

社区志愿服务概述

社区志愿服务是志愿服务的一种类型，也是社区服务的重要类型。本章将首先介绍社区服务的基本概念，厘清社区服务的定义，总结社区服务的特征；接着介绍社区志愿服务的基本概念、主要特征、社会功能和基本原则。

第一节 社区服务的基本概念

※

“社区”最早源于德国社会学家斐迪南・滕尼斯1887年的名著《社区与社会》（也译为《共同体与社会》），在其著作中，社区或共同体表示由具有共同价值观念的同质人口组成的关系密切、守望相助、富于人情味的社会关系。20世纪30年代初，以费孝通先生为首的燕京大学学生在翻译滕尼斯的著作时，首创了“社区”一词，后来逐步被定义为地域性生活共同体。

社区通常是指聚居在一定地域范围内的人们所组成的社会生活共同体。2000年，中共中央办公厅、国务院办公厅关于转发《民政部关于在全国推进城市社区建设的意见》中指出，目前城市社区的范围，一般是指经过社区体制改革后做了规模调整的居民委员会辖区。但在上海这类特大型城市，社区的范围被扩大到街道办事处所辖区域。随着我国农村社区建设的开展，社区的概念扩展到农村地区，一般是指乡镇辖区或村民委员会辖区。

一、社区服务的界定

（一）关于社区服务的不同界定

自20世纪80年代社区服务在我国兴起以来，社区服务由于内涵和外延的复杂性，人们有着不同的定义，可以从狭义上和广义上加以厘清。

狭义上的社区服务，从西方社区照顾、社会福利服务的理念出发，认为社区服务仅仅是指社区福利性、公益性服务，不应该包括商业性服务，如徐永祥认为“社区服务”实际上是“社区社会服务”或“社区中的社会服务”的简称，其内核是福利性、公益性的社会服务，对象主要是居民，外延或适应范围是社区。基于此，他提出了一个比较全面的定义，即社区服务是社区社会服务的简称，是指在政府的资助和扶持下，根据居民的不同需求，由政府、社区内的各种法人社团、机构、志愿者所提供的具有社会福利性、公益性的社会服务以及居民之间的互助性服务；这种福利性、公益性的社会服务的本质特征是无偿性的服务，并辅以不营利为目的的微利、低偿性服务；这种社会服务的对象主要是社区中的困难群体和优抚对象，也包括社区中的边缘群体和全体居民；这种社会服务的形式和层次，具有专业人士、专业机构提供的专业化服务和非专业化服务之分别。①

广义上的社区服务，从我国社区服务发展的现状出发，认为中国特色的社区服务既包括福利性、公益性服务，也包括一定程度的社区商业性、有偿性服务。如唐忠新认为，“广义社区服务说是从现阶段的中国实际出发，总结中国城市社区服务的实践经验得出的一种具有中国特色的社区服务的理论界定。对于福利性、公益性服务与营利性服务，可以进行分类研究、具体研究和分类指导。”②

（二）社区服务的界定

本书从广义上对社区服务加以定义：“所谓社区服务是指在党和政府的主导下，动员社区力量，利用社区资源，为社区成员提供福利性、公益性服务和便民生活服务，以不断满足社区成员日益增长的物质文化需要的

① 徐永祥．社区发展论 [M]. 上海：华东理工大学出版社，2000:167,173.

② 唐忠新．社区服务思路与方法 [M]. 北京：机械工业出版社，2003:18.

过程。”[①]社区服务是一个体系，包括了社区公共服务、社区志愿服务、社区互助服务和社区商业服务四种形式。[②]社区公共服务是政府或其他组织以社区为服务范围，为社区提供的、与居民生活息息相关的、事关居民公共利益和需求的公共物品，包括面向特定人群提供的社区福利服务和面向全体居民提供的公共服务。社区志愿服务是社会组织和个人自愿利用自身的时间、技能等资源，在社区为居民和社区慈善事业、公益事业提供无偿帮助或服务的行为。社区互助服务是社区居民之间、邻里之间基于友爱互利的相互帮助和相互照顾。社区商业服务又称为便民利民服务、社区市场服务，“是一种以社区范围内的居民为服务对象，以便民、利民、满足和促进居民综合消费为目标的属地型商业服务”[③]。

二、社区服务的特征

由于社会工作、社会学、社会福利专业更多是从狭义上理解社区服务，视之为社区福利服务，因此，这里按照狭义的社区服务的概念，将社区服务的特征概括为以下几个方面。[④]

（一）福利性

又称为非营利性。福利性是社区服务最根本、最本质的特征。社区服务首先以维护、确保社会困难群体、优抚对象和大多数居民的基本生活权益为出发点，这是它的福利特性的最明显体现。社区服务是一项公益事业，是为了增进社区的社会福利。社区服务不以营利为目的，而是把社会效益放在首位。当然，以社会效益放在首位的社区服务，并不是不可以营利，也不是说所有服务项目都不可以实行有偿服务，前提是这些服务项目的盈余不能成为主办单位或从业者个人的利润，而只能用于社区福利事业。

---

① 唐忠新 . 社区服务思路与方法 [M]. 北京 : 机械工业出版社 ,2003:19.

② 也有专家将社区互助服务合并归入社区志愿服务，认为社区服务的主要类型有社区公共服务、社区志愿服务、便民利民服务三种形式。

③ 李曼 . 社区商业建设发展若干问题思考 [J]. 商业时代 ,2006(8):11-12.

④ 高鉴国主编 . 社区工作 [M]. 济南 : 山东人民出版社 ,2013,303-304; 徐永祥 . 社区发展论 [M]. 上海 : 华东理工大学出版社 ,2000:177.

（二）公益性

公益性特征是指社区居民都有享受社区卫生保健、环境保洁、文化体育等公益性服务和公共空间、公共生态等公益设施服务的机会与权利。公益的本质是使社区居民都平等地享有公共服务的机会和权利，而不论居民的收入状况和社会地位的高低与否。公益性与福利性经常连在一起使用，但二者各有所侧重。一般而言，福利性是与经营性相对而言的，强调服务的对象是孤残老幼等社会中的弱势群体以及服务的非营利性。公益是与私益、互益相对而言的，公益性服务是指服务的受益人是不特定多数的社会成员即社会公众，以及社会困难群体，服务的宗旨是为了实现公共利益，为公众谋取福利，保障和促进社会福祉。公益性服务同样也具有非营利性特征。私益是指为了个体或小团体利益，互益是指团体内部会员之间互相提供服务、彼此受益。

（三）地域性

也称为地缘性。社区服务是一种属地化服务，这是社区服务与一般性社会福利服务和专门性社会福利服务（如老年人服务、残疾人服务、失依儿童服务）的不同之处。我国城市社区服务以街道、居委会、小区为依托而展开，农村的社区服务以村、镇为依托展开，具有明显的地域性特征。就服务对象而言，社区服务以本社区居民为主，有相对稳定的服务关系；就服务内容而言，社区服务主要是根据本社区居民的需要，解决本社区的问题，为本社区居民提供多样化的服务；就服务范围而言，社区服务主要覆盖本社区范围。不同的社区由于地理环境、文化条件、人口状况、经济发展水平等的差异，所提供的社区服务在形式和内容上都有各自的特点。

（四）互助性

互助性强调通过社区居民之间的自助互助服务，以及社区组织、社会福利机构等与居民之间的互助服务，满足全体居民特别是困难人群的服务需求。社区居民之间的互助服务，如邻里之间的关照、帮困、解难、救急，是社区服务的原始形态，不仅有助于解决居民相互的实际困难，也能增进相互之间的情感交流，提升社区居民的认同感、归属感，增强社区凝聚力。

（五）群众性

群众性主要体现在两个方面。一是服务对象的普遍性，即不仅包括困难群体、优抚对象，还包括社区中所有需要社区服务的居民；二是社区服务的广泛参与性，即社区服务必须重视开发来自社区居民的资源，努力发挥社区居民参与社区服务的积极性。社区居民既是社区服务的受益者，也是社区服务的参与者和重要的社会资源。

（六）综合性

社区服务是一项系统工程，具有综合性的特征，主要体现在三方面。一是服务对象的综合性，即服务对象不仅包括各类困难群体，还包括普通的社区居民。二是服务内容的综合性，这是由服务对象的综合性决定的。不同类别的社区居民有不同的服务需求，相同类别的社区居民也有不同的服务需求，而且这些服务需求涉及物质生活和精神生活两大领域的多个方面。为了满足社区居民的不同需求，社区服务的内容必然多样化。三是服务手段的综合性，社区服务对象的综合性及社区服务内容的综合性决定了在社区服务中必须综合运用经济手段、行政手段和社会手段。

第二节　社区志愿服务的基本概念

※

社区志愿服务是志愿服务的一种重要类型。因此，要理解社区志愿服务，首先要了解志愿服务的基本概念。

一、志愿服务的基本概念①

根据2017年国务院最新公布的《志愿服务条例》，志愿服务是“指志愿者、志愿服务组织和其他组织自愿、无偿向社会或者他人提供的公益服务”。一般认为，所谓志愿服务是指任何人志愿贡献个人的时间及精力，在不索取物质报酬的情况下，为改善社会服务、促进社会进步、推动社会福利事业而提供的服务。根据联合国的定义，志愿服务有三个特点：不追求经济回报（financial rewards）；服务出于个人自愿；造福于他人或社会。

从内容上，志愿服务包括四个类型：互助或自助（mutual aid or self-help）：人们为了共同的利益或共同的生活环境而贡献他们的时间和精力来帮助他人和帮助自己；慈善服务或为他人服务（philanthropy or service to others）：人们自愿地付出时间和精力去帮助他人，并不期待他人回馈同样

① 北京志愿服务发展研究会．中国志愿服务大辞典 [M]. 北京：中国大百科全书出版社，2014:25-26.

的好处或帮助；参与（participation）：又称公民参与（civic participation）或公民行动（civic engagement），是公民参与社会公共事务治理的重要形式，指公民个人或集体为了确认和解决广泛关注的公益问题而自愿付出时间和精力；倡导与运动（advocacy and campaigning）：人们为了自己或他人的利益付出时间和精力在地区、国家或国际范围内开展游说、宣传和辩论活动，目的是推动政府修改、完善和实现有利于弱势群体和环境保护的立法和政策。

从组织化程度区分，志愿服务可以分为正式志愿服务和非正式志愿服务。正式志愿服务是指志愿者通过各式各样的组织参与志愿服务，包括为这些组织提供志愿服务和通过这些组织向第三方提供志愿服务，亦称“有组织的志愿服务”（organized volunteering）。正式志愿服务组织者包括公共服务部门、非政府机构以及各类企业。由组织发起的正式志愿服务会有较为明确的服务目标、计划和规范，对志愿者也有较正式的管理措施。正式志愿服务是志愿服务组织化的结果，在现代志愿服务中占主流。随着志愿服务事业的开展，各种专业从事志愿服务或志愿者管理的组织日渐增多；与此同时，注册在各组织之下的志愿者也越来越多。非正式志愿服务是指人们付出自己的时间直接为自己的邻居、朋友、陌生人提供无偿服务，又称为“个人无偿服务”，是个人直接的志愿行为。如果说正式志愿服务代表了现代社会的志愿服务主流的话，个人直接提供志愿服务则更多地代表了传统的互助文化与习俗在现代社会的延伸和继承。

二、社区志愿服务的基本概念

（一）社区志愿服务的界定

社区志愿服务是当代志愿服务的一个重要方面，也是社区服务的一个重要组成部分。它是以社区、居民为服务范围和对象的志愿服务。社区志愿服务是指社会组织和个人为解决社区问题、促进社区进步，自愿贡献自身的时间、精力、技能等资源，在社区为居民和社区慈善事业、公益事业提供帮助或服务，且不图报酬的行为。2005年，民政部、全国总工会等九部门联合下发的《关于进一步做好新形势下社区志愿服务工作的意见》指出，开展社区志愿服务的重点领域是：以社区老年人、未成年人、外来务工人员、下岗失业人员、残疾人和低收入家庭为重点服务对象，把社会救助、慈善公益、优抚助残、敬老扶幼、治安巡逻、环境保护、社区矫正、科普咨询和法律援助等作为重点服务领域。可见，社区志愿服务的服务对象以社区困难居民为主，同时为普通居民提供广泛的福利服务。

（二）社区志愿服务的主要特征

社区志愿服务既有与一般志愿服务共同的特点，又具有自身的特征，社区志愿服务的主要特征有：[①]

1. 社区志愿服务是自愿性的服务行为

社区志愿服务是指人们自愿地为社区提供服务，而非完成强制性、被迫性的社区工作任务。当然，社区志愿服务中的“自愿性”并不意味着毫无社会动员。通过说服、鼓励、号召乃至通过法律法规促使人们自愿参加的社区无偿、低偿服务都应属于社区志愿服务。

2. 社区志愿服务是不图报酬的服务行为

只有那些不图报酬而为社区提供的服务才是真正意义上的社区志愿服务。那些为了获取报酬和利润而为社区提供的服务，例如社区商业服务、家政服务、物业服务等都不能算是社区志愿服务。要正确把握“不图报酬”的内涵，“不图报酬”是指服务主体不以获取报酬和利润为目的，自愿地为社区提供服务，而非意味着不能接受任何报酬。志愿者可以享受一定的生活补贴和其他经济补偿，但由于他们不以获取报酬和利润为目的，而且所得报酬又明显低于同类经营性服务价格，因此，其服务行为属于志愿服务行为。

3. 社区志愿服务是社区成员直接参与或社区成员直接受益的行为

社区成员是否直接参与志愿服务，志愿服务能否使一定的社区成员直接受益，是区分社区志愿服务与其他志愿服务的重要标准。社区志愿服务的受益对象应当是一定地域范围的社区居民，只有那些能够使一定社区及其成员直接受益的志愿服务行为才属于社区志愿服务，在我国城市社区主要是指城市街道办事处及居民委员会辖区，农村社区是指乡镇及村民委

① 1-5点，参见侯玉兰，唐忠新主编．社区志愿服务理论与实务[M]．北京：中国社会出版社，2009:8-11.

员会辖区。因此，一些志愿服务如服务于重大赛事、重要会议的大型活动志愿服务、服务于社会福利机构的志愿服务、参加国际组织的志愿服务活动，都不属于社区志愿服务。社区志愿服务的承担者可以是本社区居民，也可以是社区以外的志愿者，如社区以外的青年志愿者深入社区，直接为社区成员提供的服务，也属于社区志愿服务。

4. 社区志愿服务是一种民间性的服务活动

尽管各个国家的政府都积极鼓励和支持社区志愿服务，但是，就其本质特征而言，社区志愿服务是一种民间性的服务活动，而非真正意义上的政府行为。社区志愿服务的直接提供者或服务主体是公民个人和非政府组织而非政府机关。开展社区志愿服务虽然应该充分利用政府财政资源，但不能限于公共财政资源，而应该积极发挥社会（民间）力量的优势和资源。

5. 社区志愿服务的主客体之间不具有法律或习俗规定的赡养、抚养或扶养义务

《婚姻法》或其他法律规定的有赡养、抚养或扶养关系的家庭成员间的无偿、低偿服务，或者社会习俗要求的旁系亲属之间的照料、帮助，都不应视为社区志愿服务。社区志愿服务的主客体之间是非亲属的关系。

6. 社区志愿服务具有广泛性和普遍性

表现为：受益范围广泛普遍，可以说只要有居民群众的地方就属于社区志愿服务的范围。参与人员广泛普遍，每个人都可以成为社区志愿服务的参与者和受益者，参加者既可以是本社区居民，也可以是社区以外的其他志愿者。参加人员不受年龄、性别、职业、党派的限制，只要为社区居民提供志愿服务，都可以成为社区志愿者。服务领域广泛普遍，涉及居民生活的方方面面。

第三节　社区志愿服务的社会功能

※

社区志愿服务是新时代学雷锋志愿服务的重要组成部分。志愿服务是社会文明进步的重要标志，是广大志愿者奉献爱心的重要渠道，对于凝聚人心、增强群众主人翁精神，对于培养时代新人、弘扬时代新风，具有十分重要的意义。

社区志愿服务同样也应在投身国家重大战略、服务广大居民群众、提升社会文明程度、凝聚人民共同意识、推进社会治理现代化等方面发挥积极作用。从目前我国社区志愿服务的状况来看，其社会功能主要体现在以下几个方面：

一、社区志愿服务是创新社会治理的重要机制

习近平总书记指出："社区虽小，但连着千家万户。""社会治理的重心必须落到城乡社区，社区服务和管理能力强了，社会治理的基础就实了。"社区作为现代社会人们生活的基本单元，承载着人们衣食住行、社会生产和交往等各类活动，协调着社会资源的配置，社区志愿服务的发展成为社会治理创新的重要机制。社会治理强调治理主体的多元化，对社会公共事务采取政府与社会合作的机制，弥补国家能力的不足和市场机制的

缺陷，社区志愿服务是社会充满活力的重要表现。社区志愿服务弥补了政府公共服务、家庭功能以及市场服务的某些不足，是行政机制和市场机制的有效补充，为广大居民特别是社区弱势人群提供了无偿低偿服务，弥补了国家社会保障体系尚不完善的方面，改善了居民在教育、医疗、救助等方面的处境，增加了对社区居民的福利服务，满足了其日常生活需求，提升了居民的生活质量。

二、社区志愿服务是促进社会整合的重要手段

伴随劳动分工的细化和城市化的发展，社会流动的不断加剧，人们所处的社会逐步由“熟人社会”转向“陌生人社会”，人际间信任程度降低，人与人之间缺乏充分的互动和交流，出现了大量的社会孤立和失范现象。社区志愿服务的开展让志愿者由于共同的价值理念集合到一起，志愿者坚持“服务他人，奉献社会”，吸引更多的社会成员积极主动地参与社区志愿服务，形成了友善互助的人际关系，通过个人对社会、他人的服务与奉献，将个体与社会有机地联系在一起。

志愿服务的开展，还有助于加强人与人之间的交流互动，拉近彼此间的距离，使困难群体感受到社会的关怀和温暖，减少人们之间因为利益分化、贫富差距扩大而带来的心理上的孤立感和不平衡感，减轻了人们精神上的孤独感和生活上的无助感，缓解了不同阶层之间的利益冲突，促进了社会和谐稳定。社区志愿服务活动作为联结纽带，将不同的人联结到一起，将整个社区有机地结合在一起，使得社区成员联结更加紧密，从而促进了社会整合。

三、社区志愿服务是培育和践行社会主义核心价值观的实践载体

社区本身就是一个具体的小社会，是整个大社会的局部和缩影，社区志愿服务是践行社会主义核心价值观的途径和载体。社会主义核心价值观在国家层面倡导“富强、民主、文明、和谐”的价值目标，在社会层面倡导“自由、平等、公正、法治”的价值取向，在公民个人层面倡导“爱

国、敬业、诚信、友善”的价值准则。志愿服务秉承“奉献、友爱、互助、进步”的志愿精神，起到了对时代精神的引领作用，填补了人们在物质文明丰富之后精神文明的空缺。同时，社区志愿者参与志愿服务不仅是帮助他人、服务社会，而且是对个人生活经历的丰富和锻炼。通过志愿服务，志愿者在自我提升的同时，也满足了自身参与社会生活以及爱与尊重、自我实现的需求，将服务他人、奉献社会与提升自我相结合。社区志愿服务推动社区营造团结友爱、互帮互助的氛围，建立文明、和谐、平等、友善的社会关系，将弘扬社会主义核心价值观落到基层、落到实处。

四、社区志愿服务是回应居民需求、增进社区福祉的有力手段

社区志愿服务时时可为、事事可为，具有贴近基层群众、灵活性强、服务内容丰富的特点，可以及时迅速地回应居民需求，为居民提供多种服务，满足居民多样化、差异化、个性化需求，特别是在政府公共服务难以覆盖、企业市场不愿提供的服务方面具有独特的优势。通过助老为小助残等志愿服务，有助于满足老年人、青少年儿童、残疾人等特殊群体的需要，建立团结友好、互助互爱的社区人际关系，通过治安巡逻、环境整治等志愿活动，有助于维护社区秩序安全，建设卫生整洁的社区生活环境，为居民建设互助关爱、安全有序、环境优美的美好家园。

第四节　开展社区志愿服务的基本原则

※

开展社区志愿服务既要遵循志愿服务的基本原则，遵循自愿、无偿、平等、诚信、合法的原则，又要遵循社区志愿服务的基本原则。民政部等《关于进一步做好新形势下社区志愿服务工作的意见》提出，开展社区志愿服务工作的基本原则是：以人为本，服务社区；自愿参与，互利双赢；各尽所能，形式多样；党（团）员带头，广泛参与。结合我国社区志愿服务的实践要求，开展社区志愿服务应遵循以下基本原则：[①]

一、以人为本，服务社区

社区志愿服务是为社区居民提供福利性、公益性服务，因此，以人为本、服务社区是社区志愿服务的最基本原则。

坚持这一基本原则，必须做到：

（一）把不断满足社区成员的物质文化需求作为社区志愿服务的出发点和归宿

从不断满足社区居民的物质文化需求出发拓展社区志愿服务，首先

① 侯玉兰，唐忠新主编．社区志愿服务理论与实务 [M]. 北京：中国社会出版社，2009:17-20.

要通过科学的调查研究全面而准确地掌握本社区成员的需求现状和发展变化，并依此制定社区志愿服务规划和工作计划。其次要把解决社区居民尤其是弱势人群的基本物质文化需求作为社区志愿服务的首要任务，保障他们的基本生活。再次要把满足绝大多数社区成员普遍而又迫切的需求作为拓展社区志愿服务的工作重点，力求施惠于绝大多数社区成员。

（二）把促进社区居民的全面发展作为社区志愿服务的重要目标

促进人的全面发展是马克思主义关于建设社会主义新社会的一个重要思想，是全面建设小康社会的重要目标。这就要求在开展社区志愿服务的过程中，不仅要把不断满足社区居民的现实物质文化需求作为出发点，而且要把促进社区居民的全面发展作为重要目的和落脚点。一是在为广大居民提供物质生活服务的同时，积极提供精神文化生活服务，促进服务对象的物质生活和精神生活全面协调发展。二是在为普通居民提供多方面服务的同时，更加关注弱势群体的全面发展问题，使社区内各阶层成员都能不同程度地全面发展。三是在为困难群体成员提供福利性服务的同时，更加注重增强其自立、自强、自我服务的信心和能力，使社区志愿服务由单纯的“施舍”和“给予”变为促进人的全面发展的重要途径和手段。

（三）把维护和增进社区最广大居民的根本利益作为衡量社区志愿服务的最高标准

一是把社区最广大居民的受益率作为衡量社区志愿服务发展水平的最基本标准。二是把社区最广大居民的满意率作为衡量社区志愿服务好坏的重要标准之一。三是把社区最广大居民的参与率作为社区志愿服务发展水平的重要指标。这是因为“以人为本”，不仅意味着要把最广大居民的需要作为社区志愿服务的基本出发点，而且意味着要把最广大居民作为社区志愿服务的主体力量。

二、党和政府倡导，社会广泛参与

各级党委和社区党组织是社区志愿服务事业的领导核心，应该制定社区志愿服务的方针、路线，动员、组织广大共产党员、共青团员在社区志愿服务中发挥先锋模范作用。各级人民政府尤其是基层政府组织和民政部门要发挥推动、管理社区志愿服务的功能，制定政策法规，增加社区服务投入，通过政府购买服务的方式发展社区志愿服务。

强调党和政府在社区志愿服务发展过程中的重要作用，并非意味着党和政府主办社区志愿服务，更不意味着包办社区志愿服务。而应该是“政府搭台，社会唱戏”。发展社区志愿服务理应社会广泛参与。广泛参与有两层含义：其一是指社区志愿服务参与主体的广泛性，各类社区成员是否普遍参与了社区志愿服务活动，亦即是否具有较高的参与率；其二是指参与活动的广泛性，也就是说，各类社区成员参与社区志愿服务的许多领域。

三、各尽所能，形式多样

基于社区志愿服务是群众性的服务活动，要注意做到各尽所能，形式多样。既可以用一技一长助人一臂之力，也可以用爱心解他人燃眉之急；既可以长期，也可以短期；既可以用脑力，也可以用体力；既可以用精神，也可以用物质；既要适合服务对象的需求，又要考虑到志愿者的特长。充分体现福利性、公益性的本质特征，针对不同的服务对象和服务项目，分别采取无偿低偿服务、集中设点服务、上门入户服务、协同包户服务、邻里互助服务等多种方式。

伴随着我国农村社区建设、社区服务的发展，农村基层志愿服务也开始逐步开展，民政部等部门2006年发布的《关于在农村基层广泛开展志愿服务活动的意见》中指出，在农村基层开展志愿服务活动主要遵循以下原则：以人为本、自我服务、因地制宜、自愿参加。这些原则既有与城市社区相同的原则，如以人为本，要以满足农民群众的需要为出发点和落脚点，自愿参加；又具有农村基层的特点，要求自我服务，要以农民群众互帮互助、满足自我需求为主要方式，充分利用农民自身力量和农村现有资源，发挥农村人力、资源优势；因地制宜，要从本村和本地实际情况出发，考虑当地经济社会发展水平和农民承受能力。

第二章

我国社区志愿服务发展的历程与现状

社区志愿服务作为志愿服务的一个重要方面，也是社区服务的一个重要组成部分。社区志愿服务产生于改革开放后的社会转型背景之下。20世纪80年代以来我国社会开始由计划经济逐步转向社会主义市场经济，整个经济社会结构发生了重大改变，在经济繁荣增长、社会文明进步的同时，也带来了许多社会问题和社会矛盾，同时也为社区志愿服务的产生、发展带来了契机。本章将主要介绍我国社区志愿服务的产生背景、发展历程、发展成就、存在问题及完善建议。

第一节　我国社区志愿服务产生的背景

※

我国的社区志愿服务产生于20世纪80年代，产生于我国经济体制转变、社会结构转型的过程中，又是对我国优良传统文化和计划经济时期学习雷锋精神的继承。我国社区志愿服务的产生、发展离不开社区服务事业的发展，我国社区服务及社区建设的产生正是适应了改革开放带来的经济社会转型的客观要求，并在这一过程中不断深入发展。

一、经济社会转型对社区志愿服务的产生起到了重要推动作用

我国的社区志愿服务是伴随着经济社会转型而产生发展的。这个过程不仅表现为经济结构的转变，而且表现为整个社会结构与功能的转型。经济社会转型对社区志愿服务产生发展的促进作用突出表现在以下几个方面：[①]

（一）单位体制的衰落和居民需求多元化，客观上要求开展社区志愿服务

在计划经济体制下，单位承载着重要的社会职责。单位集社会的政治、经济和文化功能于一体，掌控和垄断着各种社会资源。单位不仅肩负

① 侯玉兰，唐忠新主编．社区志愿服务理论与实务[M]．北京：中国社会出版社，2009:52-55.

着生产经营和处理社会事务的功能，而且肩负着解决职工生活问题的繁重任务。改革开放以来，随着市场经济的发展和快速的社会转型，原先由单位承担的许多社会性职能逐渐向社区转移，特别是由于产业结构调整和市场经济发展带来了下岗失业人员，这就要求社区替代单位逐渐承担起解决居民生活困难的诸多任务。而社区组织要想较好地满足社区成员的多种需要，必须动员各种社会力量共同开展社区服务，特别是开展社区志愿服务。另一方面，随着生产力的发展，人们的生活方式和社会需求呈现多元化趋势，单靠政府组织越来越难以直接满足居民群众多样化的生活需求，需要在社区中开展志愿服务，以弥补政府和单位功能的不足，不断满足居民群众的多元化需要。

（二）人口老龄化和家庭结构的变化，客观上要求开展社区志愿服务

70年代末伴随着计划生育政策的实行和人口预期寿命的延长，家庭结构呈现出小型化、核心化、空巢化的趋势，人口结构日益走向老龄化，家庭的养老功能、照料功能弱化，空巢老人、独居老人、高龄老人迫切需要社区老年志愿服务。

（三）社会流动与社会分化，客观上要求开展社区志愿服务

经济社会转型推动着城市化进程，出现了大量的农民工群体，他们作为城市新移民，面临就业、医疗、住房、社会保障、子女教育等诸多问题和压力，客观上需要社区志愿服务来缓解他们面临的问题，解决他们的生活困难。经济社会转型还不可避免地导致社会阶层分化，一些社会成员的经济、政治和文化影响力相对上升，一些社会成员地位下降，成为社会中的弱势群体。除了传统的“三无”人员（无生活来源、无劳动能力、无法定赡养人）以外，还有下岗失业职工、部分退休职工、无退休金的老年人、残疾人、贫困户和因天灾人祸造成暂时生活困难的居民等，在政府发挥主导作用的同时，急需志愿者提供服务，既需要从物质上给予力所能及的帮助，又需要志愿者从精神上关心鼓励弱势群体成员，帮助他们适应社会变化，尽快走出困境。

二、社区建设的兴起为社区志愿服务的产生提供了社会背景

社区服务作为社会福利的重要组成部分，80年代初主要是对少数无单位居民和部分特殊对象（如困难户、孤寡老人等弱势群体）进行管理和服务，随着改革开放的不断深入，特别是进入90年代之后，中国城市社会发生了巨变。下岗职工、流动人口等新的弱势群体的出现，都需要社区的照顾和帮助，传统的单位制为主、街居制为辅的基层管理体制难以适应城市社会管理和服务的需要，街居制和单位制共同成为城市基层管理的基础，社区成为人们的重要生活场所以及城市管理服务的基本单元，社区服务成为城市民政工作的重要任务。

顺应这一要求，民政部借鉴国外社区发展的经验，提出了社区建设的思路，同时倡导开展社区志愿服务。1996年上海在管理体制上明确提出“两级政府、三级管理”的构想，城市管理中心下移，提升了街道办事处的地位。2000年12月，中共中央办公厅、国务院办公厅转发了《民政部关于在全国推进城市社区建设的意见》，提出“社区建设是指在党和政府的领导下，依靠社区力量，利用社区资源，强化社区功能，解决社区问题，促进社区经济、政治、文化、环境协调和健康发展，不断提高社区成员生活水平和生活质量的过程。”社区建设就是各种社会资源和社会力量在社区不断整合的过程，在这一过程中，社区志愿服务应运而生，成为社区服务的一支重要力量。

三、我国优秀的历史文化传统为社区志愿服务的开展提供了深厚的文化基础

自古以来，我国就有无私奉献、团结友爱、助人为乐的优良传统文化，从孔子创立以“仁”为核心的人本主义思想体系，到孟子“仁政”的主张、墨子的“兼爱”，形成了朴素的社会慈善思想，对中国传统社会的道德构建和慈善实践都产生了深远的影响。到今天，“无私奉献、助人为乐”一直被中华儿女所提倡，志愿精神始终根植于我们的文化之中。在新的社会环境下，我们仍然弘扬“古道热肠、守望相助”的精神，遵循“我

为人人，人人为我”的互助原则，这些根植于历史传统中的文化底蕴构成了社区志愿服务的思想基础。

四、计划经济时代的学雷锋活动是社区志愿服务兴起的前奏

在我国社区志愿服务正式兴起之前，党和政府倡导的学雷锋做好事活动，是志愿助人的最重要的表现形式。1963年3月5日，毛泽东主席亲笔题词“向雷锋同志学习”，全国掀起了宣传学习雷锋精神的热潮，成为引导广大人民群众无私奉献、帮助他人的重要活动，为现代志愿服务事业的兴起奠定了良好的基础。改革开放后，在总结和发展学雷锋经验的基础上，我国借鉴国外志愿服务的先进理念，开始倡导志愿服务，社区志愿服务也随之发展起来。党的十八大以来，以习近平同志为核心的党中央高度重视学雷锋志愿服务，高度重视弘扬雷锋精神，发展志愿服务事业，强调雷锋是一个时代的楷模，雷锋精神是永恒的，鼓励广大志愿者继续以实际行动书写新时代的雷锋故事，把雷锋精神代代传承下去。

第二节　我国社区志愿服务的发展阶段

※

我国的社区志愿服务是伴随着志愿服务的发展而发展的，与国家对志愿服务的推动和倡导密切相关。尤其是在社区志愿服务发展的初期，政府的倡导显得尤其重要，党和政府通过发布一系列文件、政策，自上而下地推动了社区志愿服务的发展和完善。总结我国社区志愿服务的发展历程，其大致经历了以下几个发展阶段：

一、社区志愿服务的起步探索阶段（1986—1993年）

80年代改革开放初期，城市居民面临日常生活不便的问题，返乡回城知识青年缺乏就业渠道，同时民政部门提出社会福利社会化的思路，急需发展城市基层社会福利事业。1986年，民政部提出在城市开展社区服务的构想，其后，民政部又召开了一系列会议，积极探索建立具有中国特色的社区服务体系，倡导在街道、社区为有困难的居民提供各类社会福利服务。1988年，天津市和平区新兴街道朝阳里居委会的13名社区积极分子自发组织起来，成立了为民服务志愿者小组，无偿为孤寡老人、残疾人与特困户提供服务，这一模式引起了新兴街道办事处的高度重视。成立于1989年3月18日的天津市新兴街道社区服务志愿者协会成为全国第一个社区志愿者组织，被确认为“全国第一个社区志愿者组织发祥地”，是我国最早开展的社区志愿服务，这一新生事物很快得到政府的认同和推广。一个月后，和平区的其他街道也相继成立了社区志愿服务协会，全区所属的260多个居委会也成立了分会，标志着我国社区志愿服务正式起步。

天津市和平区取得的成功经验在全国范围内迅速得到推广。1989年10月，在全国社区服务经验交流会上，民政部总结了全国各地开展社区服务的经验，提出在我国社区服务中，要积极推广“社区服务志愿者协会”“志愿者小组”等群众自我服务组织。1993年8月，民政部等十四个部委联合颁布了《关于加快发展社区服务业的意见》，进一步明确了社区服务和志愿者的地位，推动了我国社区服务工作的全面开展。

与此同时，社区志愿服务的“主力军”青年志愿者也逐步发展。1993年，共青团中央开始实施“中国青年志愿者行动”，并将其写进《在建设社会主义市场经济体制进程中我国青年工作战略发展规划》。1994年12月，中国青年志愿者协会在北京成立，这是最早的全国性志愿者组织，继而在全国范围内成立各级青年志愿者协会（服务队、站），青年志愿服务成为我国志愿服务的主要组成部分。青年志愿者将社区作为开展志愿服务的基本活动领域，联系社区居委会干部，深入居民群众，广泛开展多领域、多方面的社区志愿服务。

在这一阶段，社区志愿服务刚刚开始起步，政府在其中发挥倡导作用，通过各项政策规章的颁布来促进社区志愿服务的常规化和组织化。社区志愿服务活动不断开展，志愿者队伍不断壮大，从帮困救助向精神文明建设意义上的志愿服务活动转变，成为开展群众性精神文明建设的重要方面。但这一时期，国家经济实力还不够强大，政府无法投入更多的财力物力倡导社区志愿服务，人们的经济收入和生活水平相对低下，民众也未达到完善自我道德、追求自我实现的高层次精神需求，这一阶段的志愿服务，政府缺乏总体性规划，缺少系统性的政策规章和立法，社会自主性较弱，群众参与面较窄，组织化程度较低，社区志愿服务的对象和方式比较单一，主要是面向困难家庭提供“一对一”结对服务、协同包户服务，开展上门慰问帮扶活动，因而仍处于初步探索阶段，没有形成体系化、规范化发展。

二、社区志愿服务的稳步发展、巩固提高阶段（1994—2007年）

1994年4月，民政部等发出《关于进一步开展社区服务志愿者活动的通知》，号召各级政府切实加强领导，并推动深入持久开展，指出其对促进社会主义精神文明建设及社会稳定的重要作用，要求各级政府加强对社区志愿工作的重视程度。同年10月，民政部和中国社会工作者协会做出了《关于表彰全国社区志愿服务先进集体和优秀社区服务志愿者的决定》。

2000年，中共中央办公厅和国务院办公厅转发了《民政部关于在全国推进城市社区建设的意见》（中办发〔2000〕23号），社区建设开始在全国城市范围内得到积极推进，该意见特别指出："积极发展志愿者队伍，广泛动员社会力量参与社区建设。"社区志愿服务作为社区服务的重要组成部分获得迅速发展。为了更好地整合社区志愿服务的资源，2004年，中国社会工作协会社区志愿者工作委员会成立。2005年10月，民政部、共青团中央等9部门联合发布了《关于进一步做好新形势下社区志愿服务工作的意见》（民发〔2005〕159号），该文件明确提出了新形势下社区志愿服务的总体要求、基本原则和重点领域，明确了工会、共青团、妇联、残联、红十字会、老龄委、关工委、中国社工协会等群团组织在社区志愿服务中的重要作用，充分调动群团系统积极参与社区志愿服务，充分发挥社区党组织、居委会在社区志愿服务中的重要作用，建立健全开展社区志愿服务的长效机制。为促进社区志愿者队伍的组织建设更加规范、有序、健康发展，2005年9月，民政部颁布《中国社区志愿者注册管理办法》。2006年，随着社区建设向农村的延伸和扩展，民政部等13个部委发布了《关于在农村基层广泛开展志愿服务活动的意见》，表明社区志愿服务逐渐从城市扩散到农村地区。此后，党的十六届六中全会提出"以相互关爱、服务社会为主题，深入开展城乡社会志愿服务活动，建立与政府服务、市场服务相衔接的社会志愿服务体系"，表明志愿服务作为与政府服务、市场服务相并立、相衔接的重要服务形式，真正意义上在全国城乡范围开展起来。

2006年5月8日，国务院在《关于加强和改进社区服务工作的意见》（国发〔2006〕14号）中专门提出积极组织开展社区志愿服务活动，并对社区志愿服务的人员、机制和内容等都做出了具体规定，指出"培育社区志愿服务意识，弘扬社区志愿服务精神，推行志愿者注册制度。积极动员共产党员、共青团员、公务员、专业技术人员、教师、青少年学生以及身体健康的离退休人员等加入志愿服务队伍，优化志愿人员结构，壮大志愿人员力量。指导建立志愿服务激励机制，使志愿者本人需要帮助时，能够及时得到志愿者组织和其他志愿者的服务。指导志愿组织和志愿人员开展社会救助、优抚、助残、老年服务、再就业服务、维护社区安全、科普和精神文明建设活动，不断创新服务形式，提高服务水平”。2007年党的十七大报告明确提出“完善社会志愿服务体系”。自2001年至2007年间，江苏、湖北、杭州、福建、山东、吉林、深圳、北京、天津、南京、成都等地纷纷出台《志愿服务条例》，倡导志愿服务精神，规范志愿服务活动，保障志愿者和志愿服务对象的合法权益。在短短几年时间中，党和政府多次发布报告和文件，强调加强社区志愿服务，推动社区志愿服务事业逐步走向提高阶段。

除了国家政策层面的引导和重视，伴随着我国社会工作的发展，一些地方积极探索社会工作与志愿服务之间的联动机制，充分发挥社会工作的专业优势，引领志愿者开展服务，形成了“社工引领义工开展服务，义工协助社工改善服务”的运行机制。通过对志愿者的培训、管理、督导，确保社区志愿服务的质量和服务目标的完成，社会工作者的加入促使社区志愿服务逐步走向专业化发展道路。

在此阶段，党和政府更加重视社区志愿服务的发展，政策法规不断完善，社区志愿者活动及成果不断得到巩固和提高，服务类型更加多样化，活动组织形式更加灵活，也渐渐走向规范化、系统化和专业化的道路。但还存在着志愿管理各部门之间关系不够理顺，社区志愿服务参与度不够广泛、可持续性不强，管理服务不够专业化，志愿服务组织化程度不高、制度化不够、法治化不强等问题。

三、社区志愿服务的迅猛发展、完善规范阶段（2008年至今）

2008年，在举办北京奥运会、残奥会、汶川抗震救灾等多项重大活动及重要事件中，志愿服务发挥了重要作用。汶川地震后百万志愿者大军迅速投入抗震救灾重建家园当中。奥运会期间，全国人民的志愿服务热情被空前激发，总共有170万志愿者参与了各项活动，为社区志愿服务发展储备了人才资源。作为社会力量代表的志愿服务在重大活动中发挥出来的巨大能量和重要作用，广大群众中迸发出的奉献友爱、服务他人的志愿精神，显示出强大的自发性和民间性，标志着我国社会力量的壮大，并被政府和社会所重视和关注，也促进了志愿服务统筹协调机制的建设。

奥运会之后，中央各部门及各级政府通过出台各项政策、法规，建立健全志愿活动管理机制，完善志愿服务管理体系。

2012年党的十八大提出，要深化群众性精神文明创建活动，广泛开展志愿服务。2013年党的十八届三中全会公报指出“支持和发展志愿服务组织”，有力地推动了志愿服务的组织化。2013年12月，为落实党的方针政策，进一步加快推进我国社会服务志愿者队伍建设，民政部发布关于印发《中国社会服务志愿者队伍建设指导纲要（2013—2020年）》的通知（民发〔2013〕216号），指出了建设的指导思想、基本原则、总体目标、主要任务，从招募注册、教育培训、记录管理、评价激励、平台建设等方面提出了具体要求。2013年12月，中国志愿服务联合会发起了《关于开展“邻里守望”志愿服务活动的倡议书》。2014年2月，中央精神文明建设指导委员会发布了《关于推进志愿服务制度化的意见》，强调推进社区志愿服务制度化的意义和指导思想，健全志愿服务制度及加强对志愿服务制度化的组织推动，从国家层面上推动了社区志愿服务的制度化。2015年8月，中央文明办、民政部、共青团中央发布关于推广应用《志愿服务信息系统基本规范》的通知。2015年底民政部启动了信息系统建设，经过两年建设和试运行后，2017年6月26日，全国志愿服务信息系统正式上线。

2016年7月，中共中央宣传部、中央文明办、民政部、教育部、财政部、全国总工会、共青团中央、全国妇联联合印发《关于支持和发展志愿服务组织的意见》，专门出台文件推动志愿服务组织的发展，明确提出到2020年，基本建成布局合理、管理规范、服务完善、充满活力的志愿服务组织体系。2016年《国民经济和社会发展十三五规划纲要》提出，到2020年注册志愿者人数占居民人口比例达到13%。2017年9月国务院公布《志愿服务条例》，我国开始有了第一部全国性志愿服务条例，并于2017年12月1

日起施行，对志愿服务的基本原则、管理体制、权益保障、促进措施等作出了全面规定。2017年10月18日，党的十九大报告指出：“推进诚信建设和志愿服务制度化，强化社会责任意识、规则意识、奉献意识。”

早在2008年5月4日，习近平同志在北京奥运会、残奥会誓师大会上就对中国青年志愿者事业作出重要指示。2013年12月到2014年不到一年时间里，习近平总书记曾三次分别给成绩突出的“本禹志愿服务队”“郭明义爱心团队”“南京青奥会志愿者”回信，反映了党中央对志愿服务的高度重视。2019年1月17日，习近平总书记在考察天津市和平区新兴街朝阳里社区时强调，志愿者事业要同“两个一百年”奋斗目标、同建设社会主义现代化国家目标同行。志愿服务是社会文明进步的重要标志，是广大志愿者奉献爱心的重要渠道。各级党委和政府要为志愿服务搭建更多平台，更好发挥志愿服务在社会治理中的积极作用。2019年7月，习近平总书记在致中国志愿服务联合会第二届会员代表大会的贺信中，再次对志愿服务作出重要指示。总书记的重要指示为推进新时代中国特色志愿服务事业发展提供了重要政治指引和强大思想动力，极大地鼓舞和激励了广大志愿者、志愿服务组织和志愿服务工作者牢记初心使命，投身国家重大战略，为民族复兴做出更大贡献的使命感和责任感。

2018年7月6日，中央全面深化改革委员会第三次会议审议通过了《关于建设新时代文明实践中心试点工作的指导意见》，这是党中央从战略和全局作出的重大决策，建设新时代文明实践中心是推动习近平新时代中国特色社会主义思想更加深入人心，进一步加强改进农村基层宣传思想文化工作和精神文明建设，打通宣传群众、教育群众、关心群众、服务群众“最后一公里”的有效途径。《意见》指出，文明实践中心的主体力量是志愿者，主要活动方式是志愿服务。推进新时代文明实践中心建设成为当前志愿服务的重点任务。各地积极行动，在市、县（区）、乡镇（街道）、村（社区），建立起不同层级的文明实践中心、文明实践所、文明实践站等系统的工作网络，成为新时代社区志愿服务的重要形式，有效提升了居民群众的获得感和幸福感。2019年3月，民政部将“时间银行”纳入全国居家社区养老服务改革试点范围，涉及全国三批90个试点地区，争取通过试点探索，建立能够在全国推广的运行模式，使“时间银行”志愿服务在互助式养老服务中发挥积极作用，北京、天津、广州、上海、南京、武汉等全国多地“时间银行”得到快速发展，数量和规模都逐渐扩大。

在这一阶段，志愿服务政策法规日益完善全面，社区志愿服务活动的项目品牌不断增加，投身于社区志愿服务的志愿者逐渐增多，参与的主动程度也在不断增强。国家层面上的政策规章制度也渐趋完善，保障了社区志愿服务活动的规范化、常态化、专业化开展，社区志愿服务呈现蓬勃发展之势。

第三节　我国社区志愿服务的特点

※

一、社区志愿服务的发展特点

从社区志愿服务的发展脉络来看，与其他志愿服务相比，社区志愿服务的发展呈现出了以下特点：

（一）我国社区志愿服务主要由政府推动

我国的社区志愿服务组织最初的建立是“自下而上”自发组织的志愿者协会，但其发展壮大则得益于政府的大力指导和推动，民政部发布文件，大力推广天津新兴街道的成功经验，政府相关部门多次发布政策文件促进推动社区志愿服务的发展。许多社区志愿服务组织也是由街道和居委会动员建立，并接受街居的领导和指导。在开展具体的志愿服务活动中，街道和居委会发挥着主导作用。

（二）我国社区志愿服务内容贴近居民生活

我国的社区志愿服务内容逐步增加，从最初的单一的帮助生活困难群体，逐步发展到服务于居民社会生活的方方面面，覆盖到邻里互助、日常维修、为老服务、维护治安、心理健康、法律服务、医疗护理、纠纷调解等等。这些志愿服务不仅领域广泛，而且贴近居民日常生活，满足了居民多方面的生活需求。

（三）我国社区志愿服务对象广泛

社区志愿服务发展的初期，主要是针对孤寡老人、残疾人和特困户这样的困难群体，但在社区志愿服务的发展过程中，更多的居民被纳入服务对象，到现在几乎覆盖了社区居民群众和单位。一方面，既有针对边缘群体、弱势群体如老年人、外来务工人员和病残孤寡等提供的社会福利和社会保障服务；另一方面，也有针对更多社区居民提供的便民利民服务。并且随着农村社区建设的发展，社区志愿服务的对象也开始扩展到农村地区的居民。

（四）社区志愿者与青年志愿者相融合

国家积极推进社区志愿服务，在全国范围内督促各级政府建立社区志愿服务组织，同时中国青年志愿者在团中央的号召组织下得到迅速发展。从志愿者方面来看，很多青年志愿者本身就是社区志愿者的主要组成人员，许多高校共青团组织青年志愿者积极与街道社区对接，与困难家庭一对一结对进行帮扶；从服务内容来看，社区及居民是青年志愿者服务的主要领域和对象。青年志愿者已经成为社区志愿者中的中坚力量。

（五）社区志愿服务与社区治理相结合

社区志愿服务是社区服务的重要组成部分，动员广大党员、群众开展社区志愿服务既是街道居委会的主要工作内容，又是完成街居工作的重要保证，还是动员居民参与社区公共事务的重要途径。社区志愿服务把社区治理与社区服务相结合，通过志愿服务，营造了文明互助、积极向上的社区氛围，改善了社区的人际关系，增进了人们对社区的认同感和归属感，促进了整个社区的和谐和进步。

二、社区志愿服务的管理特点

从宏观管理上，我国社区志愿服务主要由国务院来推动，其政府管理部门分属于民政部、共青团中央及文明委，国家对志愿服务的倡导和推动政策都由这些部门发布或联合其他部门共同发布。除了下发政策文件外，这些部门还在全国范围内发出号召，组织实施各项志愿服务计划，推动志愿服务开展。如共青团中央于1993年开始组织实施的青年志愿者社区发展计划、“一助一”长期结对服务计划；始于1994年，中宣部、教育部、团中央联合实施的大中专学生志愿者暑期文化科技卫生“三下乡”项目；始于2003年，由团中央、教育部、组织部门、人事部门等共同组织实施的大学生志愿服务西部计划；始于2009年，由中央文明办、民政部组织发起的百万空巢老人关爱志愿服务行动。其他还有妇联组织的中华巾帼志愿者等等。由于民政部和共青团中央在全国范围内有自上而下的健全的实体组织网络，成为推动社区志愿服务发展的主要部门，社区志愿者和青年志愿者成为影响最大、规模最大的两支志愿者队伍。除此之外，各级文明办还定期组织开展志愿服务先进典型评选活动，推选、表彰、宣传志愿服务中的优秀志愿者、志愿团队、志愿项目以及优秀志愿服务社区，营造“人人为我，我为人人”的良好社会氛围。

从微观管理上，主要由居（村）委会、社会组织、高等院校等对所辖范围的志愿队伍及服务进行管理。改革开放后，伴随着人们生活条件的改善和公民意识的提升，社区社会组织开始大量成立，在开展活动过程中迫切需要大量志愿者的加入，民间自发组织的社区志愿服务也开始蓬勃发展。其中，既有组织规范的正式民间志愿组织，这类组织通常有专门部门和工作人员来负责志愿者的管理工作，对志愿者的能力和服务内容进行合理配置；也有管理松散的自发兴起的草根型志愿组织，通常没有固定的组织领导人，没有完善的志愿者管理体系，成员之间更多体现出来一种平等、松散的关系。①

街道、居委会管理下的社区志愿服务，通常在街道、居委会的领导下，依托社区服务场地以及社区积极分子骨干，在街道建立社区志愿服务总站，在社区建立社区志愿服务站，服务站下又分别建立各类志愿服务队，通常有义务巡逻志愿队、环境保护志愿队、文化宣传志愿队、民事调解志愿队、法律援助志愿队、便民利民志愿队、扶贫帮困志愿队、为老服务志愿队等等，开展丰富多样的志愿服务。近些年来，一些地方根据居民需求和社区特点，使志愿队、志愿项目更具特色、更生动形象。如苏州姑苏区金阊街道彩香二村南社区针对老新村“毁绿种菜”“毁绿停车”等不文明“顽疾”，推出“流星花园”项目，成立“园丁天使”志愿者队伍，负责长期养护绿地花草，将小区菜地变成芬芳花园。

① 李学斌主编．现代社区建设专题研究 [M]. 北京：中国社会出版社 ,2016:130.

第四节　我国社区志愿服务发展的成就与存在问题

※

从1989年成立第一个社区志愿者组织以来，我国社区志愿服务历经几个不同的发展阶段，直到2008年进入飞跃发展时期，志愿服务活动呈现爆发式的增长，在这个发展过程中，既取得了许多重大成就，也存在着不少问题。

一、我国社区志愿服务取得的成就

我国的社区志愿服务在政府的大力倡导下，以社区为服务范围，以街道办事处、居委会为组织依托，动员各类社会成员为社区建设和社区居民提供了大量社会服务性活动。社区志愿服务经过近40年的发展，取得了许多成就，主要表现为以下几个方面。

（一）社区志愿服务组织和队伍不断壮大

自20世纪80年代以来，在政府各部门的大力倡导和不断推动下，全国各地建立起多种志愿服务组织，包括青年志愿者组织、党员志愿者组织、老年志愿者组织等等，社区志愿服务组织和队伍不断壮大，志愿服务网络也不断健全。市、区、街道、社区四级社区志愿者协会（分会）、社区志愿服务总队（分队）广泛建立，并伴随着农村社区建设的兴起，从2006年起逐步辐射到农村地区。“根据民政部主办的全国志愿服务信息系统，截至2017年6月底，实名注册的社区志愿者达到1153.77万人，占该系统内实名注册志愿者总数的25.09%。根据学界调查推测，我国的非注册的社区志愿者达到1560.88万人。因此，我国现有的社区志愿者数量为注册与非注册志愿者之和，即3529.6万人。根据民政部2017年8月发布的《2016年社会服务发展统计公报》，截至2016年底，我国的社区志愿服务组织达到11.6万个。但此数据主要是指在民政部门登记或在乡镇、街道和村（居）委会备案的社区志愿服务组织，如果包括在其他部门注册、登记和挂靠的社区志愿服务组织，则社区志愿服务组织达到34.25万个，参与社区志愿服务的组织104.76万个。”[①]可见，不管是社区志愿者组织，还是志愿者服务人数，都呈现出巨大的增长。

根据《民政部办公厅关于2017年度社会工作和志愿服务法规政策规划落实情况的通报》，志愿服务方面，截至2017年底，各地登记的名称中含有‘志愿’或‘义工’字样的志愿服务组织达11328家，单位和社区内部成立志愿服务团队近56.8万个，建立志愿服务站点91975个。全国志愿服务信息系统中注册的志愿者超过7643万人。各地累计志愿服务时间超过13.7亿小时。2017年，志愿服务工作投入资金量约5.4亿元。但该通报未单独区分社区志愿服务状况。

除了社区志愿组织和志愿者人数上的激增，作为服务提供者的志愿者本身也实现了角色的转变。从最开始的个体化志愿服务阶段向社会化的志愿服务阶段转变。最初的志愿者大多是以个体为主，适时地为周围居民提供帮助、解决问题，目前已逐步走向组织化。志愿者在政府、街道社区及社会组织的动员下加入志愿服务组织，接受志愿培训和管理，提升志愿服务理念和服务水平，完成志愿服务任务。志愿者更加体现专业性，志愿者角色获得更多社会认可。规模化、专业化的社区志愿服务队伍正在形成。

（二）社区志愿服务的对象、领域和内容不断扩大

从社区志愿服务的对象来看，从最初的只针对社会边缘群体与弱势群体，发展为覆盖到社区中的广大居民。其重点服务对象是社区困难老人、

① 中国志愿服务联合会编著．中国志愿服务发展报告（2017）[M]．北京：社会科学文献出版社，2017:127-130.

未成年人、外来务工人员、下岗失业人员、残疾人及低收入家庭等，为其提供社会支持和社会保障，但同时也为其他居民提供了更多的便民利民服务，在扩大服务群体的同时，依然有针对性地提供重点服务。

从社区志愿服务的内容来看，从最开始的针对弱势群体的社区福利服务，发展到目前服务内容涉及居民生活的方方面面，包括社区救助、社区养老、精准扶贫、法律咨询、社区义诊、就业援助、社区治安、社区矫正、社区文体娱乐、社区自治等，包括了物质救助和精神支持、社会互助、公共服务和公民参与等多个方面，最大程度地为居民提供更丰富全面的服务，同时也扩大了社会服务的规模和覆盖范围。

（三）社区志愿服务的运作走向专业化、项目化、信息化

1. 社区志愿服务的运作模式逐步迈向专业化

最初志愿者协会的建立是由人们自发组织，缺乏专业人士的指导，组织较为松散，经常是以单一的活动为载体，志愿者本身缺乏培训。而社区志愿服务不能仅靠满腔热情，还需要具备提供专业化的优质服务的能力。随着志愿服务的发展成熟，逐步出现了专门的社区志愿服务组织及专业人才专门运作管理社区志愿服务。根据居民需要的服务内容，选取专业的志愿者如心理咨询师、医生、护士、教师、律师等提供服务，同时，对非专业的志愿者进行相关知识和技能的培训。2006年，党的十六届六中全会做出建设宏大的社会工作人才队伍的决策部署，我国社会工作专业建设稳步推进，社会工作的发展为社区志愿服务的运作注入了新的动力。建立社会工作者和志愿者之间的联动机制，既有助于培育专业社工带领下的志愿者队伍，更对整合社会工作者和志愿者人力资源有着积极的影响。比如在上海和深圳就已经形成了“社工引领义工开展服务，义工协助社工改善服务”的“两工联动”运行模式，让社工发挥其专业优势，组织、指导和培训社区志愿者，在社会工作专业价值伦理和原则的指导下，运用社会工作的实务理论和技巧，帮助义工解决志愿服务过程中遇到的困难和问题，提高其服务的效率和质量。而义工也通过更多地参与社区服务和活动，为社工减轻工作压力，改善其人力资源不足的情况，扩大其社会服务的辐射范围，真正实现了两者的“联动双赢、互补互惠、互动共进”。

2. 社区志愿服务呈现出项目化

伴随着2000年以来我国政府购买服务的大力推行，政府开始出资购买志愿服务组织实施的志愿服务，社区志愿服务呈现出项目化管理和运行的趋势。“社区志愿服务项目，是为了实现某些公共服务的特定目标，在社区开展的、在规定期限内以交付成果为衡量标准的志愿服务，具有公益性、广泛的社会参与性、创新性、灵活性、目标的清晰性以及成果的可交付性等特点。”[①]各地通过开发设立志愿服务项目、公益创投大赛、公益招投标的形式，有效地发现和整合市民迫切需要、普遍欢迎的志愿服务项目，高效精准地服务于社区居民，使政府购买服务资金和社会捐助资金得到有效利用，创新了社区志愿服务形式。这其中又主要分为社区主导的志愿服务项目和政府主导的志愿服务项目，这两种模式各有其优势。对于社区主导的志愿服务项目来说，服务内容更能够贴近居民生活，满足其差异化的具体需求，同时也节约了政府的行政成本，促进了社区志愿组织的发展。而对于政府主导的志愿服务项目来说，这类项目在政府的主导推动下能够获取更多的资源来推动项目的开展，更容易扩大项目的影响力。

3. 社区志愿服务呈现出信息化

社区志愿服务作为志愿服务的组成部分，在志愿服务信息化的进程中向信息化发展，“互联网+”技术的应用与普及为志愿服务的多元化发展提供了新的发展思路和模式，信息化与社区志愿服务开始深度融合。利用现代信息技术是适应信息化时代要求、推动社区志愿服务事业发展的有效手段。在全国层面，民政部、共青团中央持续不断地开展了志愿服务信息化建设。中国志愿服务联合会、民政部开办了“中国志愿服务网”，共青团中央设立了“中国青年志愿者网”，中国志愿服务联合会主办了“中国社区志愿服务网”，大大方便了全国范围内志愿服务的宣传、管理和交流。2015年8月，由中央文明办、民政部和共青团中央制定了《志愿服务信息系统基本规范》（MZ/T 061-2015），这是我国志愿服务信息化建设领域第一个全国性行业标准。为落实中央关于志愿服务制度化和信息化的部署要求，适应“互联网+”和大数据发展趋势的客观需要，2017年8月，

① 北京市民政局编 . 社区志愿服务项目化运作与管理：社会治理创新实践 [M]. 北京：中国社会出版社 ,2015:12.

民政部办公厅做出了《关于推广使用全国志愿服务信息系统的通知》，全国志愿服务信息系统正式上线运行，截至2018年4月“系统已覆盖全国31个省（区、市）和新疆生产建设兵团，系统中实名注册的志愿者超过8500万人，发布的志愿服务项目超过110万个，记录的志愿服务时间达8.8亿小时”[①]。

一些地方和志愿服务组织也充分利用信息化时代互联网、社交新媒体互动便捷、管理高效的优势，自主开发了本地区、本组织的志愿服务信息系统，实现社区志愿者招募、注册、供需对接、项目管理、志愿时间记录、积分兑换、奖励表彰等的线上操作，将线上管理与线下服务相结合，通过建立社区志愿者QQ群、微信群等形式，有效提升了志愿服务工作的效率，推动了志愿服务平台的专业化、多元化发展。

（四）社区志愿服务制度化建设不断完善

社区志愿服务制度既包括相关的法律法规，又包括各级政府制定的行政规章。作为志愿服务的一部分，社区志愿服务的制度化发展常常包含在志愿服务的制度化进程中。以下为自2005年以来各部门颁布的有关志愿服务的行政规章。自我国社区志愿服务开始以来，各部门就通过颁布多项政策文件来指导、促进社区志愿服务的制度化建设，规范志愿服务活动，其中既有对单一领域的志愿服务的行政规章制度，如助残志愿服务、减灾救灾志愿服务、文化志愿服务、学生志愿服务、消防志愿服务等，又有对整体志愿服务管理的行政规章，如志愿者注册工作、志愿服务记录办法、志愿服务组织管理办法等。专门针对社区志愿服务的规章主要是《关于在全国城市推行社区志愿者注册制度的通知》《社区志愿服务方案》。

① 顾朝曦.贯彻落实《志愿服务条例》推进学雷锋志愿服务制度化[EB/OL].中国文明网,2018-04-04.

表2-1 2005年以来我国颁布的志愿服务行政规章

时间	出台部门	规章制度
2005	民政部、全国总工会等九部门	《关于进一步做好新形势下社区志愿服务工作的意见》
2006	共青团中央	《关于印发〈中国注册志愿者管理办法〉的通知》
2007	民政部	《关于在全国城市推行社区志愿者注册制度的通知》
2008	中央精神文明建设指导委员会	《关于深入开展志愿服务活动的意见》
2009	教育部	《关于深入推进学生志愿服务活动的意见》
2010	民政部	《关于进一步推进志愿者注册工作的意见》
2010	中央文明办、中国残联等八部门	《关于加强志愿助残工作的意见》
2012	民政部	《关于加强减灾救灾志愿服务的指导意见》
2012	民政部	《关于印发〈志愿服务记录办法〉的通知》
2012	公安部等五部门	《关于积极促进志愿消防队伍发展的指导意见》
2012	文化部、中央文明办	《关于广泛开展基层文化志愿服务活动的意见》
2013	共青团中央	《关于修订印发〈中国注册志愿者管理办法〉的通知》
2013	民政部	《中国社会服务志愿者队伍建设指导纲要（2013-2020年）》
2013	民政部	《关于在全国推广“菜单式”志愿服务的通知》
2014	中央文明办	《社区志愿服务方案》
2014	中央文明委	《关于推进志愿服务制度化的意见》
2014	共青团中央	《关于推动团员成为注册志愿者的意见》
2015	教育部	《学生志愿服务管理暂行办法》
2015	中央文明办、民政部等四部门	《关于规范志愿服务记录证明工作的指导意见》
2016	中央宣传部等八部门	《关于支持和发展志愿服务组织的意见》
2016	中央宣传部、中央文明办等七部门	《关于公共文化设施开展学雷锋志愿服务的实施意见》
2017	民政部	《关于推广使用全国志愿服务信息系统的通知》
2017	民政部	《关于做好志愿服务组织身份标识工作的通知》
2018	全国社会工作标准化技术委员会	《志愿服务组织基本规范》行业标准

（续表）

时间	出台部门	规章制度
2018	民政部	《“互联网+社会组织（社会工作、志愿服务）”行动方案（2018—2020年）》
2018	中央全面深化改革委员会	《关于建设新时代文明实践中心试点工作的指导意见》

通过颁布一系列的行政规章文件，推进社区志愿者注册制度的建立健全，完善志愿服务组织管理，方便对志愿者进行统筹管理，整合各类志愿者团队，推动志愿服务项目的有序开展，推动志愿者服务网络的建设。在党和政府的重要会议中也多次指出支持志愿服务事业发展，并将志愿服务事业纳入国民经济和社会发展规划中，对志愿服务发展起到了巨大的推动作用。

志愿服务立法也有着新的进展。全国性的志愿服务立法主要有：2016年通过的《中华人民共和国慈善法》以及2017年公布的《志愿服务条例》。《慈善法》自2016年9月1日起施行，开启了中国依法治“善”时代。在其中的第七章《慈善服务》中指出，“慈善服务，是指慈善组织和其他组织以及个人基于慈善目的，向社会或者他人提供的志愿无偿服务以及其他非营利服务。”将志愿服务作为慈善服务的一部分加以规范，规定了慈善组织与志愿者之间的权利义务关系。

2017年8月22日，国务院总理李克强签署国务院令公布《志愿服务条例》，自2017年12月1日起施行，该条例首次以行政法规形式明确了我国志愿服务发展中需要规范的一系列问题和方面，加强了国家对志愿服务的顶层设计，规定了立法目的和适应范围、志愿服务的基本原则，确立了志愿服务的管理体制，明确了政府各部门的职责分工。规范了志愿服务组织、志愿者和志愿服务对象的义务和权利，明确了政府对志愿服务事业的促进保障及监督管理职责，让志愿服务事业更加规范有序，进一步推动志愿服务制度化、常态化发展，提升志愿服务整体效能。在地方性法规方面，2005年2月，深圳市率先制定《深圳市义工服务条例》，目前，已有多个省、市先后制定颁布本省、市的《志愿服务条例》，出台了地方性志愿服务条例，维护志愿服务组织、志愿者和服务对象的合法权益，促进志愿服务事业的合法有效运转。

（五）社区志愿服务成效显著

社区志愿服务在发展过程中取得了良好的社会成效。主要表现为以下几个方面：

1. 社区志愿服务弥补了政府公共服务的不足

由于当前我国的社会保障和社会福利体系还有待进一步的提高和完善，政府财政对社区中困难群体提供的公共服务还存在不足，不能满足其多方面、个性化的需要。而社区志愿服务的开展，通过关注困难群体、解决民生问题来促进社区的服务完善，增强居民的生活保障，减少居民因生活变故带来的困难和危机，改善了社会成员的生活状况和精神面貌，对政府公共服务进行了有效的补充。

2. 社区志愿服务对营造团结互助的新型社区关系起到了积极作用

参与社区志愿服务，是以创造和谐社区、美好社区为主要目的，同时也是社会参与的有效方式。广大社会成员通过投入社区志愿服务活动，服务于困难群众和居民生活，影响带动周围人身边人，传递爱心，体现人与人之间的相互关爱，有助于推动和谐健康的人际关系的形成，弘扬社会主义核心价值观，建设社会主义精神文明。

3. 社区志愿服务对参与者本身有着重要意义

社区志愿服务不仅促进了和谐社区的建设，更对参与的志愿者本身有着重要的影响。通过参与志愿服务活动，一方面是对自我能力的提升，通过服务的具体实施，去掌握更多的新技能、新知识，增强自我的实践能力，丰富自我的人生阅历。另一方面是对自我价值的提升，在服务中增强对国家、对社会、对人民的责任感，增强自我同社会的联结。

二、我国社区志愿服务存在的问题

从20世纪80年代末社区志愿服务在我国兴起，至今已发展了近40年，但是社区志愿服务覆盖的广度和深度仍存在着一定的局限性，志愿服务的组织体制和运行机制、公共政策等各个方面都还存在一系列深层次的问题。这些问题具体表现为以下几个方面：

（一）志愿者资源不足，参与比例低，人员结构不合理

虽然我国的人口基数大，但志愿者资源相对于丰富的人力资源来讲，却明显不足。以2017年6月底在全国志愿服务信息系统注册的数据看，我国社区志愿者的人数是1153.77万人，只占总人口13.8亿的0.8%，即使按注册与非注册社区志愿者人数之和3529.6万人计算，我国社区志愿者占总人口的比例仅为2.5%。而从我国社区居民参与志愿服务的情况来看，普遍存在两个问题。第一是社区居民的参与意愿较高，但实际参与率较低。第二是社区居民参与志愿服务的意识淡薄，参与方式被动，社区层面缺少参与渠道，社区志愿服务参与在人们的眼中还是与社区积极分子、楼栋长、党员等相联系，缺乏参与的自主意识。一些地方注册志愿者人数远远多于实际参加活动的志愿者人数，注册志愿者的活跃程度不高。

社区志愿服务人员的构成比例，在年龄上，主要是以大学生和老年人为主，以江苏省为例，据“志愿江苏网”统计，截至2016年，25岁以下的志愿者占志愿者总人数的41.32%，56岁以上的占到12.12%[①]；在性别上主要是以女性为主。由于老年人退休后有更多的闲暇时间，因此，社区内部的志愿者主要以退休老人为主体。25岁以下的大学生主要由高校组织动员，他们通过志愿服务锻炼能力、完成社会实践任务、增加对社会的了解，同时尚没有家庭和工作的负担，因此有较高的参与率。此外，传统意识认为女性在职场、事业中进取心较男性弱，因此也保持较高的参与率。社区志愿者的文化程度也有待提高，据“志愿江苏网”统计，截至2016年，全省志愿者当中，初中学历的人数占比为22.63%，高中学历的占比为20.69%，小学及文盲或半文盲人数占比为7.53%，而本科及以上学历仅占比18.75%。[②]目前，社区志愿者队伍整体知识基础薄弱，服务水平较低，这将直接制约志愿者的专业化程度的提高，影响社区志愿服务的质量和效果。一些社区志愿服务组织规模普遍较小，开展活动的能力较弱，服务活动范围主要固定在本社区以内，活动经费来源基本依靠自筹，缺乏稳定的资金来源和渠道，只有少部分组织可以从街道或居委会获得一定的活动经费。

① 全省志愿者人数情况 [EB/OL]. 志愿江苏网 ,2017-09-10.

② 全省各学历志愿者人数情况 [EB/OL]. 志愿江苏网 ,2017-09-10.

（二）志愿服务管理欠规范，缺乏高效统一的协调机制

基于组织开展志愿服务活动的现实需要和长久发展，根据《志愿服务条例》，中央决定由中央文明办来牵头负责志愿服务活动的总体规划和协调，集中加强管理。但在实际工作中，我国的志愿服务依旧缺少统一的管理，从纵向联结来看，社区志愿服务纵向联结不够紧密，活动缺乏持续性；从横向联结来看，社区志愿服务涉及团工委、民政、残联、综治等多个部门，涉及政府部门、高校、企事业单位等多个单位，各领域、各部门、各单位之间尚未形成良性互动、协调合作的局面，缺少一个对志愿服务进行总体统筹规划的部门，协调运作机制不畅，甚至出现多头管理、各自为政的局面，部门间条块分割比较明显，社会资源得不到有效的整合运用。比如社区志愿服务由民政部负责，青年志愿者则是由共青团负责，巾帼志愿者由妇联为主管，另外还有老龄委、工会、残联等群众团体的各类社区志愿组织，它们在管理、规范志愿服务方面往往难以协调一致。

此外，对志愿者的管理也缺乏统筹。虽然近年来开始试行社区志愿者注册的管理思路，但从整体来看，没有形成对社区志愿者的统一招募、注册、培训等管理机制。不少志愿者同时在多个部门和组织下进行注册，重复和交叉现象大量存在，多头管理、交叉管理给志愿者的统筹工作造成了巨大困难。

（三）社区志愿服务存在行政化、形式化趋向，缺乏激励机制

长期以来，政府主导和行政推动是我国社区志愿服务发展的一个重要特征。特别是在社区志愿服务发展的初期，我国的社区志愿服务主要依靠政府政策倡导以及街道、居委会等的组织和动员，具有一定的官方或半官方色彩。政府主导虽然可以促进社区志愿服务迅速发展，但行政主导的志愿服务活动也容易受到官僚主义的影响，志愿活动变成以命令任务的形式下达和执行，居民被动参与而非个人的自愿行为，抑制了志愿者的主动性和自主性，容易降低社会成员积极参与的热情。此外，到志愿服务的发展后期，若政府部门介入太多，一方面增加了政府部门的行政压力，没有激发志愿组织活力，另一方面，不同社区志愿服务协会不能实现差异性发展，缺乏独立性和可持续性，也没有真正发挥民间组织的灵活性和创新性。

此外，一些社区志愿服务组织流于形式，常态化的服务较少，运动化的服务较多。在时间上，主要集中在一些节假日或特殊时期开展活动，且主要集中为一些短期活动，缺乏持续性，社区志愿服务的内容整体上层次较低，集中于治安巡逻、环境整治、敬老助残等传统项目，无法真正取得服务居民的实际效果。在空间上，对志愿服务活动缺乏统一规划和协调，地域分配不平衡，缺乏具有本社区特色、满足本社区居民需求的志愿服务品牌、志愿服务项目。另外，由于大多数志愿者的临时性强、流动性强、组织性较弱，导致社区志愿服务缺乏长期性、稳定性和长效性，对志愿者本身的培训和激励机制都比较匮乏，不利于增强志愿服务的光荣感和使命感，导致志愿服务的效果不良、服务质量不高。

（四）社区志愿服务发展不均衡

志愿服务资源在不同地区、不同社区的分布不够合理，导致有些地区会造成资源浪费，而有些地区则因为缺乏资源不能开展社区志愿服务。城市地区居民参与志愿活动的发生比显著高于农村地区，大城市老年人的参与度又显著高于中小城市。在东部发达地区、大城市，比如上海、深圳等地，社区志愿服务发展较好，地方志愿服务岗位趋于饱和状态。而在中西部地区、农村地区，社区志愿服务则依旧处于发展的初步阶段，缺乏当地志愿者的关注和参与。即便是在同一城市，不同社区之间的志愿服务开展情况也有很大不同。除了城乡差距、地区差距外，信息的不对称也是造成这种情况的重要原因，人们参与社区志愿服务缺乏组织和平台，志愿者和服务对象之间缺乏获取供需信息的渠道，志愿服务信息化平台建设还比较零散，“互联网+志愿服务”还未能充分发挥对接供需的作用，不利于志愿服务资源的优化配置。

除此之外，社区志愿服务开展的不平衡还体现在服务内容和对象上，在服务内容上以生活便民服务为主，在服务对象上以社区困难老人为主，而在社区助残、社区心理咨询、社区矫正等专业志愿服务方面较为欠缺，志愿服务的专业水准还不够高。

（五）社区志愿服务开展缺乏资金保障

目前，我国社区志愿服务组织的资金主要来源于政府拨款、个人或企业捐助、基金会资助、组织自筹等，而具有官方背景性质的志愿者组织往往更容易得到政府财政的支持。因此，对于纯民间组织来说，资金的保障问题就成为影响其稳定发展的重要因素。资金是否充足影响到社区志愿服务开展的规模和效果以及志愿服务能否走向良性发展的道路。如果资金短缺，甚至需要志愿者来承担过多成本开支，不仅会影响志愿者参与服务的热情，也限制了志愿服务活动的可持续发展。

此外，资金保障的问题也影响着志愿者组织的公平竞争。一些官方性质的志愿者组织能从政府得到各种资源和资金，而民办志愿服务组织却完全需要自筹资金，造成了一个不公平的竞争环境，不利于民间志愿组织的培育和发展，也阻碍了社区志愿服务的职业化和专业化之路。

三、完善我国社区志愿服务发展的建议

（一）扩大社区志愿者队伍，优化志愿者结构

通过志愿服务积分兑换制度、时间互助银行等激励措施，调动更多居民参与。通过网上志愿服务、节假日志愿服务，调动中青年上班族参与。通过落实教育部、中央组织部、团中央等部门的文件要求，调动青年学生、党员、在职人员参与志愿服务。通过大力拓展宣传渠道，运用海报、展板、单页、微信、电话等多种宣传途径，广泛动员全体居民参与志愿服务。

（二）明确不同部门职责，协同管理社区志愿服务

贯彻落实2017年国务院《志愿服务条例》规定，“国家和地方精神文明建设指导机构建立志愿服务工作协调机制……国务院民政部门负责全国志愿服务行政管理工作；县级以上地方人民政府民政部门负责本行政区域内志愿服务行政管理工作。县级以上人民政府有关部门按照各自职责，负责与志愿服务有关的工作。工会、共产主义青年团、妇女联合会等有关人民团体和群众团体应当在各自的工作范围内做好相应的志愿服务工作。”有关部门各司其职，相互配合，解决我国志愿服务多头管理、缺乏协调机制的问题。

（三）健全社区志愿服务日常管理制度，实现志愿服务的常态化、实效化

充分调动居民内生力量，自主成立社区志愿自组织，开发、申报社区志愿服务项目，实现居民自我管理、自我服务、自我教育，将党和政府对志愿服务自上而下的引导与民间力量对志愿服务自下而上的参与相结合。通过志愿服务信息化手段，解决志愿服务供需不匹配的矛盾。通过加强对志愿者的培训、管理和激励，提高志愿服务的成效。

（四）促进社区志愿服务的区域性平衡

促进区域间志愿服务的公平性，满足不同区域居民的服务需求，破解区域服务不平衡问题。继续实施大学生志愿服务西部计划、暑期“三下乡”、城乡互助计划等活动。大力开展扶贫攻坚志愿服务。通过巡回开展社区志愿活动，让志愿服务从居委会所在的中心社区深入各个小区。利用小区公共空间、物业、业委会办公场所，打造小区志愿服务公共空间和阵地。

（五）增强社区志愿服务资金保障

按照《志愿服务条例》要求：“县级以上人民政府应当将志愿服务事业纳入国民经济和社会发展规划，合理安排志愿服务所需资金，促进广覆盖、多层次、宽领域开展志愿服务。”使志愿服务组织可以通过承接政府志愿服务项目获取活动资金。除此之外，还应多渠道募集民间资金，如通过社区基金会、企业捐助、举办义集义仓活动、网上众筹、爱心义卖等多种方式扩充资金来源渠道。

第三章

社区志愿服务的内容

随着我国社区志愿服务事业的创新发展，服务领域逐步拓展，服务内容日益丰富，社区志愿服务内容已由最初帮助困难群众解决基本生活需求问题，发展到遍及社区生活的各个方面。近年来，按照“居民所需，志愿者所能”的原则，社区志愿服务重点服务对象为老年人、未成年人、外来务工人员、失业人员、残疾人和低收入家庭等；重点服务领域包括扶贫助困、慈善公益、优抚助残、敬老扶幼、便民服务、治安巡逻、医疗保健、文化教育、环境卫生、社区矫正、科普咨询、法律援助及其他社区公益性服务。本章主要从社区志愿服务特有的内容领域出发，分别从社区生活志愿服务、邻里互助志愿服务、社区文化志愿服务、社区居民自治志愿服务和社区矫正志愿服务等五个方面内容进行阐述。

第一节　社区生活志愿服务

※

一、社区生活志愿服务的概念

社区生活志愿服务是社区志愿服务的重要组成部分，我国社区志愿服务在发展初期基本上等同于社区生活志愿服务。随着我国社区志愿服务的不断发展，服务领域的不断扩大，内容变得丰富多样。本书中的社区生活志愿服务主要指围绕居民日常生活需要，提供的方便居民生活的志愿服务。

二、社区生活志愿服务的内容

生活性的志愿服务是社区居民需求量最大、参与最广泛的服务项目，也是困难人群日常生活必不可缺的服务内容。社区对生活性服务需求最大的人群主要是空巢老人、残疾人、重病患者和部分留守儿童。生活性社区志愿服务的主要内容包括：生活照顾、家政服务、代购代办、家电维修、便民理发、健康义诊、亲情陪伴、日常帮扶等居家生活必需的志愿服务。

社区生活志愿服务案例

“千人帮百家，爱心走进空巢老人家”项目①

上海市静安寺街道是老龄化程度较高的社区之一，空巢老人达2000多户，其中需要帮助的有500余户。这些老人身边无人陪伴，不仅存在安全隐患，而且由于缺乏精神寄托，容易自我封闭而成为抑郁症和阿尔兹海默症的高发人群。柏万青志愿者工作室通过组织志愿者开展“千人帮百家，一天三巡访”活动，即让低龄老人帮助高龄老人，健康老人帮助病残老人，一天三次（早晨看老人起床没有，中午看老人吃饭没有，晚上看老人门窗、煤气、电器关了没有）巡访，将发现的重大问题及时向居委会反映，并力所能及地解决老人困难，成为独居老人身边的志愿者。此活动开展以来，街道再也没有发生一起空巢老人非正常死亡的事件。

① 张祖平，闫加伟，陈麟辉主编．志愿服务组织管理精选案例汇编[M]．北京：人民出版社，2016:99.

第二节　邻里互助志愿服务

※

邻里之间守望相助是中华民族优秀传统文化的一部分。建立以地域为基础、以心理认同感为纽带的新型社区生活共同体，培育适合现代社会生活的新型邻里关系，增强居民之间的亲密感，形成和睦相处、安定祥和的社区氛围，是构建社会主义和谐社会的重要组成部分。

一、邻里互助志愿服务的概念

邻里互助是社区互助服务的重要组成部分，是社区志愿服务的主要形式。所谓邻里互助志愿服务是建立在居住的邻近性基础上，为邻里无偿提供帮助和支持的活动。邻里互助志愿服务既包括单向地为邻里无偿提供帮助和支持，也泛指邻里相互之间提供无偿的帮助和支持。中国志愿服务联合会2013年发布《关于开展“邻里守望”志愿服务的倡议书》，邻里守望志愿服务号召广大志愿者从关爱做起、从身边做起、从你我做起、从日常做起，通过社区邻里的互帮互助、排忧解难，向社会传播志愿精神，凝聚小善大爱，提升居民对社区的归属感。

邻里互助志愿服务有很多优势：一是成本很低，基本上不需要专门设施和专门场地，也不需要互助双方支付劳务费用，实际上是以彼此所能补彼此所缺；二是方便、及时，由于构成邻里的各个家庭在居住区位上非常靠近，从而为建立经常性的互助关系提供了便利；三是这种服务方式，既可以在一定程度上解决居民群众的实际生活困难，又可以增进邻里间的感情，进而增强社区凝聚力。[①]

二、邻里互助志愿服务的主要内容和形式

（一）邻里互助志愿服务的主要内容

根据服务对象，可以将邻里互助志愿服务的主要内容分为以下几种。

1. 老年邻里互助

即服务对象为老年人的邻里互助。主要是由低龄老人帮助高龄困难老人，为高龄老人提供健康监管、家务料理、上门陪聊、代购代办、送餐上门等服务，采用“一对一”的形式保证社区高龄困难老人的生活质量和安全，让他们能够享受方便美好的晚年生活。如南京十方缘老人心灵呵护中心，将“用爱与陪伴为生命服务”作为机构使命，长期开展入户陪伴空巢独居、癌症、孤寡等重症困难老人，推出了“长者同行”项目，组织社区低龄老人积极参与活动，并通过培训掌握陪伴老人的方法，就近为本社区高龄困境老人服务。

2. 青少年邻里互助

即服务对象为青少年的邻里互助。主要是由邻里志愿者为学龄儿童提供接送服务、课后看管、学业辅导等，重点为社区双职工家庭学龄儿童、外来务工人员子女和边缘青少年提供课业指导、心理辅导、法制教育、艺术课堂等公益服务，并针对青少年的具体情况，量身制订详细的个性化辅导方案，帮助社区青少年健康成长。

3. 残疾人邻里互助

即服务对象为残疾人的邻里互助。重点为残疾人邻里提供外出接送、卫生清洁、洗衣做饭、理发修脚、外出购物、水电维修、心理抚慰、聊天陪伴、法律援助、健康照料、爱心募捐等活动。通过帮扶支持残疾人群

---

① 唐忠新著．现代城市社区建设概论 [M]. 上海：上海交通大学出版社，2008:216.

体，使残疾人感受到邻里大家庭的温暖和关爱，正常地融入社区生活，提高生活质量和人生幸福感。

需要注意的是被服务的老年人、青少年、残疾人，同样可以作为志愿者帮助其他需要帮助的邻里，在服务他人中发现自己的人生价值，获得自尊自信。

（二）邻里互助服务的形式

1.“互联网 + 志愿”服务[①]

互联网红利并非只体现在经济增长上，“互联网+志愿”服务的形式能更有效地解决邻里互助中的问题。例如，创建邻里互助QQ群、微信群，实现居民信息共享，在居民有需要时第一时间作出响应。此外，还可以动员青年志愿者为空巢老人安装智能健康设备，随时监测老人的心率、血压等指标，帮助老人掌握自身健康状况。同时，还可以动员邻里中的退休医生、护士为空巢老人、残障人士建立电子健康档案，通过网络回答居民提问，为居民提供医疗咨询服务，普及健康医学知识，帮助居民树立健康生活方式。

2.“社工 + 义工”联动服务

随着志愿服务的不断发展，目前很多社区都普及了“社工+义工”联动模式开展各种志愿服务项目。通过引进专业社工及社会组织为社区居民提供专业化服务，社工运用专业的工作理念、方法和技巧，对社区志愿者进行招募、培训、支持和管理、督导，使志愿服务更加规范化，提升志愿者的服务质量。

3. 时间储蓄银行

志愿者并不是只有奉献、只有付出，可以通过引进国外的时间储蓄银行机制，使交换与奉献并行不悖。让志愿者现在照顾他人、存储时数，在未来需要时，换取他人对自己的服务。通过“以工时存积分，以积分兑服务”双向志愿服务模式，丰富邻里互助志愿服务的激励机制，形成“服务换服务、爱心传爱心”的良性循环机制。

---

① 张军文 . 以“邻里守望”活动为例论邻里互助社区志愿服务的发展 [EB/OL]. 公益慈善学园 ,2018-01-29.

邻里互助志愿服务案例

“1+2+N”构建“邻里互助”志愿服务新格局①

广东中山市东区以社会主义核心价值观为引领，回应群众期盼，创新启动“1+2+N”关爱模式，积极在社区居民中开展“邻里互助”志愿服务活动，解决“社会关系紧张化、邻里关系冷漠化”的现实问题。其服务形式主要是指以社区为服务范围，围绕一个核心理念，通过两个平台对社区中所需服务群体开展各项志愿服务项目。

围绕“1”个核心理念——开展“全民修身”与“现代公益”相结合的主题活动。中山市东区以各社区的志愿者（义工）服务站为活动阵地，大力推进义工和社工联动、政府与民间互动的社会治理新模式，相继推出慈善超市、爱心义剪、志愿管家等三大社区关爱行动。组织引领社区青年投身“邻里守望”志愿服务，并提倡践行“一公里服务圈”的理念，让所属社区的青年来服务本社区的困难群体，以此实现志愿服务常态化。

构筑“2”个平台——东区青年社区学院（修身学院）和阳光服务总社。中山市东区街道整合了辖区内原有的文化活动中心等阵地资源，以政府购买服务的形式引入专职社工，创办东区青年社区学院，借助社区学院青年志愿者、社会热心人士、社区党员等骨干力量，相继成立“快乐义拍志愿服务队”“公益剪艺社”和“螺丝钉志愿服务队”等邻里互助服务队伍，深入各社区开展“开心全家福免费拍”“缤纷剪纸公益行”以及为空巢老人免费维修电灯、水管等志愿服务活动，深受居民欢迎。同时，街道还建立了阳光服务总社，并在各社区设立分社，整合现有的农家书屋、多媒体活动室、电脑室等，引导社区现有的各类志愿服务组织去关爱社区的流动困难儿童，积极开展课业辅导、谈心疏导，或组织外出学习、团队拓展等形式多样的实践活动。

全年开展“N”项志愿服务。据统计，2013年共开展“邻里互助”志愿服务项目超过150项，服务困难群众近5000人次。组织亲子义工家庭为残疾人提供家居清洁、亲情陪伴、心理安抚等关怀；组织中山网商青年会等社会力量举办残疾人技能培训班，鼓励残疾人自信自立、自强不息、重返社会。

① 钟冬团．“1+2+N”构建“邻里互助”志愿服务新格局[J]. 时事报告，2014(7).

三、邻里互助志愿服务的典型模式[1]

目前，我国形成了三种邻里互助志愿服务的典型模式。

（一）以北京市大栅栏街道为代表的，以“综合包户”为特色的邻里守望志愿服务

从1983年开始由西城区大栅栏街道创造性地推出“综合包户”志愿服务，即不同类型、不同专长的青年志愿者，结对帮扶社区的困难群众。区域内各级团组织和团员青年志愿者与街道空巢老人结成帮扶对子、签订帮扶协议，制订详尽的服务计划，采取青年志愿者与空巢老人“一对一”的服务模式。其特色经验主要有：发挥党团组织的引领作用。通过签订协议书的形式，将扶助时间、内容、责任等明确和固化下来，形成一套志愿服务长效机制，逐步形成了“党组织统筹、党员骨干引领、社会组织协同、项目化运作”的志愿服务体系。用好辖区单位如同仁堂、瑞蚨祥、内联升等老字号企业，大栅栏消防中心等资源优势，有效弥补党团组织志愿服务的不足。引入“项目双选会”、设立服务储蓄回报部，激励志愿者的主动性和积极性。引入当地高校及社工，与律师事务所、心理服务中心等专业力量合作开展活动，使志愿服务更专业。广泛宣传“综合包户”作为社会主义核心价值观的志愿精神和志愿文化。

（二）以天津市和平区新兴街朝阳里社区为代表的，以“和睦社区”为特色的邻里守望志愿服务

作为社区志愿服务活动的发祥地，天津市新兴街将社区志愿服务的内容从28年前的面向困难群众发展到面向全体社区居民。“和睦社区”志愿服务的主要类型有：社区助老志愿服务、社区助残志愿服务、社区扶贫助困志愿服务、社区惠民便民志愿服务、社区文化生活志愿服务、社区环境营造志愿服务。形成了注重制度化、规范化建设，培育志愿服务的持续发展机制。主要有：健全社区志愿服务组织制度，制定了《天津市和平区社区服务志愿者协会章程》，天津市和平区社区志愿者协会在组织、会员管理、服务形式、工作制度、队伍管理、协调街道和志愿者关系以及对志愿

---

① 中国志愿服务联合会编著 . 中国志愿服务发展报告（2017）[M]. 北京 : 社会科学文献出版社 ,2017:232-246.

者的考核方面建立起一套制度措施。培育社区志愿者领袖与骨干，由社区志愿者自己选举、管理的“新兴街社区服务志愿者协会”的会长和骨干都是社区志愿者中的佼佼者。开放社区志愿服务丰富项目，把志愿服务作为一个项目来设计、组织和评估，使各级志愿服务组织和志愿者看得见、抓得住、见实效，分为街、社区两级项目。营造社区爱心互助文化氛围，新兴街社区善于通过志愿文化氛围的营造、精神的宣传、典型的树立，将蕴藏在群众中的巨大能量充分释放出来，使志愿活动形成一种普遍现象。

（三）以武汉市百步亭社区为代表的，以“人人参与”为特色的邻里守望志愿服务

以党建引领、党员示范为核心，吸引社区的老年人、青年人、少年儿童以及职业群体纷纷加入志愿组织、开展志愿服务，让“全民公益”“全民志愿服务”在社区成为新时尚。创造了“四有标准”，即“家家有志愿者，人人有志愿心，处处有志愿者，时时有志愿帮”，发挥了民心凝聚、民困帮扶、民生改善、民意疏导功能。

四、目前邻里互助志愿服务存在的问题①

目前，全国各地已经开展了多种形式的社区邻里互助。但综合各地邻里互助实践来看，大致存在以下问题：

（一）一些零散开展的邻里活动很难达到邻里互助的目的

“邻里节”近些年来在一些地方风靡，它们大都是在政府、街道要求或资助下开展的。虽然一些社区经常会举办“邻里节”、春节晚会等活动，但这些活动很少有普通居民参加，且活动没有常态化，居民参与的热情并不高，很难起到邻里互助的作用。邻里关系也并没有因为一两次的“邻里节”而发生改善。邻里关系的改善与维护，寄希望于一次“邻里节”远远不够，更应该从平时的日常生活着手。

---

① 刘春莲 . 社工义工联动对社区邻里互助的介入——以深圳沙嘴城中村为例 [D], 武汉 : 华中科技大学 ,2012.

（二）虽然成立了各种邻里互助组织，但无人管理和监督，使其难以维持

在社区成立邻里互助组织，如妇女服务小组、青少年学雷锋做好事小组等。这些组织期望把服务传递到每个需要服务的家庭和居民，达到邻里互助的目的。但有些组织缺乏规范的组织管理和引导，成立之后没有真正地发挥志愿服务的积极作用。

（三）使用行政化手段开展邻里活动，缺乏对居民的动员，居民参与不足

一些邻里互助活动是为完成上级的工作任务要求，由街道办事处和社区居委会包揽主办，热衷于举办广场大型活动，形成声势和影响，虽然花费大量人财物在开展活动上，但未能真正动员普通居民参与，居民主动参与程度低，街道社区只是通过行政命令的方式追求参加人数规模、追求工作业绩。参与的居民较多是非自愿参与，很难达到邻里互助的效果。

第三节　社区文化志愿服务

※

一、社区文化志愿服务的概念

社区文化志愿服务是指具有一定文艺专长，如书法、美术、戏剧、音乐、舞蹈、杂技、文学、摄影、民间文艺等的居民或组织，以社区为依托，利用社区文化资源，围绕社区群众生活，以丰富社区居民的文化生活、提高社区居民的文化素质、传承人类优秀文化为目的而开展的志愿服务活动。社区文化志愿服务有助于传播社会主义核心价值观，增强人民群众对社会主流价值的认同，营造向上向善、诚信互助的社会风尚，满足人民群众在精神层面的更高需求。

二、社区文化志愿服务的主要领域

社区文化志愿服务根据社区情况与居民需要提供相应服务，使每个参与的居民和志愿者都能从活动中有所收获，受到先进文化的熏陶，感受到人际间的温暖与关怀，增强了居民对社区大家庭的亲切感与归属感，为营造温暖的居住环境和建设和谐社会提供了良好途径。

社区文化志愿服务的领域包括四个方面：

文化培育层面：通过组建群众性文体娱乐团队，如书法绘画协会、合唱队、舞蹈队等各种群众性文体活动队伍，搭建教育培训平台，利用文化娱乐队的形式引导居民“自我娱乐”，宣传先进文化的同时也提升了居民的文化素养。

文化宣传层面：线上通过掌上社区群等媒介向社区居民传播传统优秀文化或相关政策，线下通过标语横幅、宣传栏、文化涂鸦墙、广场演出等向社区居民宣传国家倡导的主流文化。

文化监督层面：通过担任社区安全员、楼栋长、文化卫士等形式对辖区内的网吧、网络微信群、社区论坛、书报亭等文化场所进行监督，为青少年构建健康成长的社会文化氛围，净化青少年成长环境。

文化创造层面：每一个社区，每一个村落，都有自己的文化印记和风俗特点，社区文化志愿服务既是文化传承的过程，同时也是文化创造的过程。注重发掘本土化典型、塑造本土化作品、开展本土化特色活动是社区文化志愿服务领域需要不断努力去追求的方向。

三、社区文化志愿服务的主要形式

社区文化志愿服务进社区，全方位地服务于社区居民。社区文化志愿者经常组织社区居民开设主题讲堂活动，在社区的文化活动广场举办小型文艺演出，尤其是具有传统特色文化的小区，如剪纸艺术、民族舞蹈、戏曲文化等非常具有民族气息的小区，开展相关的文艺活动交流，进行民间手工艺品的学习与制作。在社区文化活动开展的过程中，志愿者无私奉献的志愿精神也会感染社区居民，使社区逐渐形成团结有爱、互帮互助的良好氛围。青少年通过向老一辈文化志愿者学习传统的手工艺制作，了解和传承祖国博大精深的传统文化。

社区文化志愿服务的具体形式分为以下四种：①

（一）文化培训辅导

文化志愿服务是一项专业性较强的服务内容，开展基础性、专业性文

① 吴元兵．基层志愿服务活动的策划与传播 [M]. 北京：人民出版社 ,2016:50-51.

化艺术培训是文化志愿服务的一项重要内容，比如舞蹈、歌唱、美术、书法、文学、国学、京剧等专业培训。此类活动通常由各级文化馆、新闻出版广电局、文化体育服务中心等政府部门和地方专业性的文艺社会组织参与，通过志愿服务的方式培训文艺骨干和居民群众。当前很多社区老年大学开设了大量文艺类课程，老年大学的很多授课教师和班级管理员都来自社区有艺术特长、有热情、有责任心的老年志愿者。

（二）文艺展览演出

在对居民群众进行培训的基础上，展示居民文化艺术学习的成果是文化志愿服务的另一项内容。通过开展艺术展览、文艺演出的形式呈现居民艺术学习成果，还可以借助文化馆、展览馆、展演中心等重要载体，举办“书法作品展”“美术作品展”“社区群众作品联展”“舞蹈艺术演出周”等群众性、公益性展览和演出。通过作品对生活的再现，对群众进行艺术熏陶、文艺教育，达到文化树人的目标，传播积极健康的思想观念，让居民群众远离麻将桌、赌博机等不健康的休闲方式。如2017年，文化部、中央文明办共同组织实施的文化志愿服务“春雨工程”——全国文化志愿者边疆行、“大地情深”——国家艺术院团志愿服务走基层示范活动，深入城乡基层，开展各类文艺演出、辅导讲座和文化展览近300场，受益群众近百万人次；各级各类公共文化机构和文化志愿服务组织发动广大文化志愿者为群众提供了丰富多彩的文化志愿服务，受到群众热烈欢迎。

（三）文化交流比赛

文化艺术是人类文明的财富，是人们提升精神追求的重要载体。文化艺术重在交流，在交流中形成新的文化形态，从而延续传承与创新。因此，在地方开展区域性文化艺术交流展、友好比赛是文化志愿服务的发展趋势。通过开展社区文化交流周，进行各类文化交流比赛，如棋牌棋艺赛、舞林争霸赛、健身操赛、摄影大赛等群众广泛参与的比赛活动，让群众在才艺比拼、友好竞赛中达到相互学习、相互交流的目的，丰富居民的精神文化生活，增进居民之间的交流交往，增强社区文化活力。

（四）公共文化教育

文化是一种重要而特别的教育形式，是一种素养教育，也是人文教育。在地方开展文化志愿服务工作，是公共文化教育的一种不错的形式。

比如：博物馆开放日、美术馆日、文化馆周等，这项服务的重点是针对青少年群体，让他们从小培养文化意识，树立文化观念，形成文化气质，成为文化教育的使者。而影响成年人和教育下一代，是成熟社会的新教育观，也是社会教育的生动实践。目前，这项工作开展缓慢，需要各地宣传部门加大工作力度，党和政府下大决心推动公共文化场所免费开放，为志愿服务开展工作提供基础和“土壤”。

社区文化志愿服务案例

“大来时间馆”文化志愿服务项目①

该项目来自上海市嘉定区安亭镇志愿者总队。2016年，84岁的李大来将半生收藏的约400座古钟捐献给安亭镇政府，建成了公益博物馆——大来时间馆。现在，他还在坚持做两件事：一是不断买钟赠钟，丰富时间馆的馆藏；二是每天都在时间馆从事志愿者服务，致力于青少年科技教育普及。在他的努力下，时间馆的开放管理规范有序，一年内，时间馆被评为上海市公共文化特色项目、嘉定区科普教育基地、嘉定区青少年爱国主义教育基地。

除了在时间馆做志愿者，李大来还燃烧着身为教授级工程师的光和热，带领志愿者团队走进中小学、社区、图书馆，走上微信公众号，两年不到就开办展览和讲座上百场。在上海展览中心举办的上海市科博会、南京举办的江苏省科博会、嘉定西云楼特展等重要活动中奉献自己的藏品、知识、时间和志愿精神。上海科技馆邀请他去举办临展，他欣然应允，不要分文，全心投入。李老先生耄耋之年，每天往返于安亭与市区四个多小时，来到时间馆接待、讲解、维护展品、设计制作课件等等，无私奉献、忘我工作的志愿精神和高尚人格深受市民敬佩。

① 文明嘉定十佳优秀志愿者评选 [EB/OL]. 嘉定文明网 ,2017-12-06.

第四节　社区居民自治志愿服务

※

一、社区居民自治的基本概念

我国基层群众自治制度是依照宪法和法律，由居民（村民）选举的成员组成居民（村民）委员会，实行自我管理、自我教育、自我服务、自我监督的制度，包括了村民自治和居民自治两方面。社区居民自治简称居民自治，也有的称为城市社区自治。在我国，社区居民自治是在城市基层实行社会主义基层民主政治的一种有效形式。社区居民通过民主选举、民主决策、民主管理和民主监督参与对社区事务的直接管理，这是国家法律赋予居民的神圣不可侵犯的权利，也是社区事业兴旺发达的表现。它“是以城市社区为自治区域，由社区成员通过社区自治组织对本区域公共事务进行管理的一种制度”[①]。党的十七大首次正式将“基层群众自治制度”纳入中国特色政治制度范畴。这一顶层设计为社区居民自治提供了广阔的发展舞台。党的十九大报告指出：“坚持党的领导、人民当家作主、依法治国有机统一。”这是社会主义政治发展的必然要求，也是居民自治必须遵循的原则。党的十九大报告还指出：“扩大人民有序政治参与，保证人民依

① 徐勇，陈伟东．中国城市社区自治 [M]. 武汉：武汉出版社，2002:4.

法实行民主选举、民主协商、民主决策、民主管理、民主监督。”这就需要积极探索新时代的居民自治的有效实现形式。

对于社区居民自治的内涵可以从五方面加以理解，即自治客体、自治主体、自治范围、自治内容、自治目标。居民自治的客体是社区公共事务和居民公共行为，主要有社区环境、社区治安、社区卫生、社区文化、社区服务及社区公共设施。自治的主体是以社区居民群众为主的社区各种利益相关者。社区自治的范围及层次涵盖了多个层次，从规模范围上可分为社区层次、小区层次、楼栋层次。社区自治的主要内容是民主选举、民主协商、民主决策、民主管理和民主监督。居民自治的目标是实现“四个自我”，即实现自我管理、自我教育、自我服务、自我监督的目标。所以，社区居民自治的实质是以社区居民群众为主的社区各种利益相关者，通过民主选举、民主协商、民主决策、民主管理、民主监督直接或间接参与社区公共事务治理，以实现自我管理、自我教育、自我服务、自我监督的过程。居民自治需要广大居民积极参与到各项活动中。居民自治志愿服务是社区志愿服务的特有形式。

二、志愿服务助推社区居民自治

（一）社区居民自治志愿服务的主要领域

1. 民主选举

按照《中华人民共和国城市居民委员会组织法》规定，社区居委会的选举方式包括居民代表选举、户代表选举和全体选民直接选举。民主选举是一项规范性程序性十分强、工作任务非常繁重的活动，需要志愿者参与到选举服务过程中，从张贴宣传标语到布置选举现场、维护选举秩序，都需要有大量志愿者对选举工作给予支持辅助。同样在业主委员会选举中，需要志愿者挨家挨户上门宣传，动员业主参加投票选举，帮助选举筹备委员会顺利选出业委会。

2. 民主管理

近年来，社区议事会在我国蓬勃兴起，各地对议事会的称谓不同，也被称为“民主恳谈会”“社区居民会议”“议事园”“听证会”等，但其内容基本相似，都是社区骨干志愿者通过这一平台聚集在一起，自愿贡献自己的时间精力，民主讨论社区公共事务，针对社区居民迫切需要解决的、关心的热点难点问题提出解决方案，为社区治理建言献策，从而达到社区自治的目的。一些地方还试点了兼职委员制度，选举热心社区公益的志愿者作为居委会兼职委员，参与到社区的民主管理中。

3. 民主监督

作为志愿者参与社区财务监督小组、居务监督小组，监督社区财务公开、居务公开状况，监督社区管理运行状况，确保居委会干部廉洁公正履行职责。对居委会工作进行民主评议。作为志愿者参加业主监事会，监督小区物业区域的财务状况，监督业委会成员工作履职状况，减少物业工作中侵害业主的违法违规行为，维护广大业主的合法权益。

4. 民主决策

社区民主决策的基本组织形式是居民会议和居民代表会议。近年来，一些地方通过引入开放空间等参与治理技术，为民主决策提供了新的更具操作性的决策方式。居民会议、居民代表会议以及开放空间会议等都需要志愿者提供会前、会中、会后的大量志愿服务工作，保证民主决策活动的顺利开展。

5. 民主协商

城乡社区协商是中国特色社会主义民主政治建设的重要组成部分。对事关社区公共事务和居民切身利益的议事进行协商，有助于调解各方利益关系，缓解社会矛盾，维护居民群众利益。志愿者一方面可以作为协商代表，志愿参与社区民主协商活动，另一方面可以为民主协商活动如民主论坛、社区听证会、民主恳谈会等提供志愿服务，保障民主协商活动的顺利开展。

（二）社区居民自治志愿服务的形式

1. 参与业主委员会和业主自治

业主委员会是社区主要的自治组织之一。随着城市住房的发展和建设，商品房住宅小区不断出现，城市规划造成人口频繁迁移，原有的政府主导下的住房管理体制发生了根本变化，业主委员会在这种情况下应运而生。业主委员会工作领域多涉及与物业相关的公共事务，根据国务院《物业管理条例》第二十条规定，业主大会和业主委员会应该积极配合相关居委会依法履行自治管理职责，支持居委会开展工作，并接受其指导与监督。业主委员会是业主实行物业自治的自治组织形式，参与业委会活动的业主多数是不拿任何经济报酬的、热心为业主服务的业主志愿者。同时，在业委会选举过程中也需要志愿者参与选举动员、选举准备、选举实施等活动，才能确保业委会选举的顺利进行。在业委会选举成功后的业主自治中，也需要志愿者在召开业主大会、业主代表会议、业主意见收集调查等活动中提供志愿服务。

2. 参与社区自治志愿服务

居民委员会是我国《宪法》和《居委会组织法》规定的城市基层群众性自治组织。居民委员会是居民自我教育、自我管理和自我服务的组织，是开展居民自治的主要组织载体。志愿者通过参加居委会组织的各项自治活动，在民主选举居委会当中提供志愿服务，参与到社区议事会、民情恳谈会、居民大会、居民代表会议等志愿活动中，为建设和谐社区民主议事、民主管理社区。近年来，我国各地兴起了由居民民主讨论决策“社区自治金”“社区幸福基金”“为民服务资金”使用的民主议事活动，志愿者作为议事代表、社区骨干积极投身民主议事当中，有序参与社区公益性事务。

3. 参加社区志愿组织

社区志愿组织是城市社区居民开展自我服务的基础，也是城市社区自治的重要形式。1989 年 10 月， 民政部在杭州召开了全国社区服务经验交流会， 提出在全国城市社区服务工作中，要积极推广“社区服务志愿者协会”“志愿者小组”等群众性的自我服务组织，此后社区的各种群众自建志愿团体开始发展兴起。目前，很多社区建立了社区志愿服务站，并引导居民成立各类居民自治志愿队伍，通常包括治安巡逻队、消防安全队、保洁护绿队、义务调解队、义务维修队、为老服务队等多支志愿服务队伍，为保障社区的安全美丽和谐做出贡献。志愿者通过参加社区志愿组织的途径参与到社区各项自治活动中来。如南京市秦淮区弓箭坊社区组建“义集志愿者团队”，专门为社区义集活动提供志愿服务，小组分工规范明确，志愿者在义卖区、义演区、服务区、公益区各司其职，助人互助，为义集活动的成功举办提供了保障。

社区居民自治志愿服务案例

居民自治志愿服务“不打烊”①

社区居民自治是社区建设的内在要求，邗上街道文昌社区以“网格”建设与创新为抓手，积极推进网格化治理，探索出了“社区主导，居民主体”的网格化治理模式，开创了居民参事议事的新局面。

如今在文昌社区内，治安巡逻队伍、志愿者队伍随处可见，一顶顶小红帽，一只只袖章，一颗颗温暖的心，组成了一道道动人的风景。

让居民来“参事”

“以前我们对待社区的事，都是持着事不关己、高高挂起的态度。现在为了自己的生活环境，大家都很乐意参与到社区建设中来。”社区“文明巡防队”的队长朱庆福说。

虽说社区是个大家庭，可现在不少居民连楼上下的邻居都很陌生，大伙对社区事务的参与度不强。为此，文昌社区积极转变思路，利用社区网格实体化管理，真正使网格长、网格员、网格志愿者迈开步子，走近居民，收集社情民意，提供服务。网格长将社区内愿意干事、能干事、会干事的能人集结起来，形成合力，组建成“文明巡防队”“580”志愿者服务队等志愿者队伍，切实做好社区的“报喜鸟、布谷鸟、啄木鸟”。

“我们是一群闲不住的老头、老太太，忙碌中我们收获了快乐。”朱庆福说，在社区的动员下，志愿者队伍随之壮大，参与志愿服务的人越来越多。“有些居民一开始是向我们反映情况的，如今已成为我们的队员，主动参事、主动对所在小区进行管理。”

社区党总支书记周福健表示，热心志愿者的加入既减轻了社区工作人员的负担，又在居民中间起到了带头模范的作用。“这些志愿者们在居民中成为表率，促使更多居民关心社区工作，主动参与志愿服务。”

让居民共“议事”

为了不断提升居民生活质量和水平，社区还在每个网格开展“优质项

① 蒋蕙，李海燕，郑岑．居民自治志愿服务“不打烊”[N]. 扬州日报，2016-05-17.

目评议会”活动。其中一个叫“阳台菜园”的项目，在征集大家意见时反映强烈。社区低碳环保志愿者姜仁梅说：“在自家阳台上就可种植蔬菜，并在栽种过程中使用自己制作的肥料，吃得放心。而且在全程栽种中既享受了劳动成果又收获了快乐，真心不错。”

“项目是否可行？”“能够达到什么效果？”……每一次的项目评议会上，大家都会对项目的提出者进行提问，经过几轮商讨后，最终确定是否要施行。而这个看似“居民兴趣小组”的活动，其实是给居民为社区工作建言献策提供平台。

据悉，大到小区提升改造，小到日常活动开展，居民们都能在评议会上发表意见，并得到采纳。“原来都是社区发通知告知居民，现在有什么内容都得让居民先过目。”社区党员韶珊说，亲民的管理模式让更多居民主动关心社区工作，并提出自己的想法，居民的主人翁意识逐步增强，形成“社区事业我参与，共建和谐大家园”的局面。

让居民齐“干事”

文昌社区的志愿服务可谓全年“不打烊”。每天上午9：00～11：00，下午3：00～5：00，“580”志愿者服务队的队员们准时“上岗”，进行文明劝导、维护绿化等志愿服务。

社区内的花瓶苑、紫荆苑为拆迁安置小区，失地农民较多，为了更好地推动失地农民市民化，社区开展推动创业就业、完善社会保障、发展社会事业等7项服务，打造“亲情网格”，提升居民对社区管理和服务的认同感和幸福感。同时，通过志愿者上门服务等形式，开展文明小区宣传和引导。如今的花瓶苑小区内，绿化带里种植的蔬菜已被漂亮的植被替代，不文明现象得到了整治，小区绿化环境也随之提升。

“做志愿服务，就是要吃得了苦、流得了汗。”看到花瓶苑小区整治有了成效，60多岁的老党员宫玉琴顿时浑身都是劲。她告诉记者，这就是他们志愿服务最好的回报。

据悉，目前文昌社区共有志愿者800多人，他们活跃在社区的各个网格里，投身于社区的文明建设中。“正是他们的无私奉献，让社区建设越来越好，居民满意度越来越高。”周福健说。

第五节　社区矫正志愿服务

※

一、社区矫正志愿服务的内涵

（一）什么是社区矫正?

社区矫正是一种在社区进行的与监狱行刑相对应的非监禁刑罚执行活动，“是指将符合法定条件的罪犯置于社区内，由专门的国家机关在相关社会团体、民间组织和社会志愿者的协助下，在判决、裁定或决定确定的期限内，矫正其犯罪心理和行为恶习，促进其顺利回归社会的非监禁刑罚执行活动”。[①]社区矫正的适用范围是被判处管制、宣告缓刑、裁定假释、暂予监外执行，以及被剥夺政治权利并在社会上服刑的五种罪犯。我国社区矫正工作主要由司法行政部门负责，联合社区综治部门或社会组织，对社区矫正人员开展矫正工作，促使其顺利回归社会。主要任务是：对社区矫正人员进行教育矫正、监督管理、帮困扶助。社区矫正对于维护社会和谐稳定、降低刑罚执行成本、建设平安中国、促进罪犯顺利回归和融入社会等方面发挥着重要作用。2002年上海市率先开始社区矫正试点工作，2003年7月，最高人民法院等四部门联合发出《关于开展社区矫正试点工作

① 最高人民法院，最高人民检察院，公安部，司法部．关于在全国试行社区矫正工作的意见（司发通〔2009〕169号）．

的通知》，确定在北京、天津、上海、江苏、浙江、山东等六省市进行试点，从2009年起在全国全面试行社区矫正工作。

（二）社区矫正志愿服务的含义及特点

社区矫正志愿服务，是指志愿者在专门国家机关的主导下，基于利他动机，自愿贡献自己的知识、体能、技能及时间等资源，为社区矫正人员提供教育矫正、监督管理和帮困扶助等方面的服务。

相对于普通志愿服务，社区矫正志愿服务还具有以下特征：第一，专门性，即社区矫正志愿行为专门为社区矫正提供志愿服务，必须符合社区矫正法律法规的相关规定；第二，风险性，即社区矫正志愿行为的对象为正在服刑的罪犯，仍具有较强的人身危险性，因而社区矫正志愿者面临人身和财产遭受侵害的更大风险；第三，专业性，即社区矫正志愿行为实质上是参与非监禁刑罚执行活动的行为，只有具备了较强的专业素养和能力者方能胜任；第四，技巧性，即社区矫正志愿行为必须讲究更多的技巧和方法，方能应对矫正工作的复杂性和危险性，在保护好自身安全的同时取得志愿服务实效。[①]

（三）社区矫正专业志愿者的角色

社区矫正工作队伍包括司法行政机关、社会工作机构人员等专职工作者和社区矫正志愿者两大部分。志愿者是社区矫正团队成员的重要组成部分，包括专业志愿者和业余志愿者。社区矫正专业志愿者是指受过社会工作、社区矫正、心理学、法学等相关专业训练的，具有在普通高校学习经历的、自愿从事矫正社会工作服务的特定人群。业余志愿者是指未受过相关专业训练的社区工作人员、社区离退休老人、高校大学生等。志愿者由于具有非官方背景、非强制色彩的特点，有助于与矫正对象建立起平等、信任的关系。志愿者在督促矫正人员参加社区服务、对矫正人员进行思想教育、给予心理疏导、提供就业技能培训、法律援助、解决生活困难等方面都发挥着积极作用。

社区矫正专业志愿者在社区矫正项目中充当着辅助者、执行者、倡导者的角色。所谓辅助者是指社区矫正专业志愿者在项目活动中配合社工机

① 谭豪慧．关于志愿者参与社区矫正工作的几点思考 [J]. 法制与社会 ,2011(13):218-219.

构专业矫正社工开展工作。一般来说可以帮助矫正社会工作者去布置活动现场，引领矫正服务对象进行角色定位，协调活动环节的衔接。所谓执行者是指社区矫正专业志愿者在一些具体的、小型的矫正活动中担任活动的组织者和实施者的工作；同时也可以和专业矫正社会工作者一起参与个案访谈和社会调查的工作。所谓倡导者是指社区矫正专业志愿者在进行社会工作服务时，对专业矫正社会工作者的行为倡导作用进一步强化和推动。[①]

二、我国社区矫正志愿服务的发展

伴随着我国社区矫正事业的发展，社区矫正志愿服务也越来越受到国家和社会的重视，有关部门多次发布相关法规推进社区矫正志愿服务工作的发展。2004年《司法行政机关社区矫正工作暂行办法》将社会志愿者明确为社区矫正参与主体之一。2009年最高人民法院等部门《关于在全国试行社区矫正工作的意见》指出："广泛动员社会力量参与社区矫正工作，建立健全社会工作者和社会志愿者的聘用、管理、考核、激励机制。"2012年《社区矫正实施办法》指出："社会工作者和志愿者在社区矫正机构的组织指导下参与社区矫正工作。"2013年党的十八届三中全会发布《中共中央关于全面深化改革若干重大问题的决定》指出要"健全社区矫正制度"。2014年11月，司法部与有关部门联合下发《关于组织社会力量参与社区矫正工作的意见》。社区矫正离不开志愿者的积极参与。"我国社区矫正志愿者队伍发展迅速。2009年湖北省已经有社区矫正志愿者11127人。2013 年 11 月上海市社会帮教志愿者协会登记造册的志愿者已有 17000 余人，单位会员发展到522人。2011年3月，我国社区矫正志愿者为 355327人，2013年10月达到60万人，短短两年多总数几乎翻了一番。另据统计，仅2012年，上海市社会帮教志愿者协会就组织了4519名志愿者参与社区矫正小组，社会效果良好。社区矫正志愿服务成效显著。"[②]一些地方通过成立社区矫正志愿者协会或社区矫正帮教志愿者协会，促进了社区矫正志愿者的组织化。通过定期对志愿者开展社区矫正专业培训，提升了

① 张书颖，曹海英主编．社区矫正社会工作服务项目操作指南 [M]．北京：知识产权出版社，2013:12.

② 田兴洪．我国社区矫正志愿服务风险防范的问题及对策研究 [J]．社会科学家，2015(1).

志愿者的服务能力。

但我国社区矫正志愿服务仍存在不少问题。现有的社区矫正志愿服务较为零散，缺乏足够的系统性，志愿者无论是数量还是专业能力都远远不能满足社区矫正工作的实际需要。对志愿者参与社区矫正的法律制定规范性不够，现有法律规定带有概括性、原则性、宣告性的特征，对志愿者参与社区矫正的途径、方式、条件、管理、培训、保障等未做出明确规定，导致社区矫正志愿服务参与的效果不甚理想。目前我国虽然有社区志愿者、扶贫志愿者、青年志愿者、环保志愿者等各种类型的志愿服务组织，但是，专门的社区矫正志愿服务组织还较为缺乏。[①]各地间存在较大发展差异，社区矫正志愿服务大都集中于发达的特大城市、省会城市，中小城市及农村地区社区矫正志愿服务匮乏。

社区矫正志愿服务案例

苏州首创社区矫正志愿服务积分制 推动志愿工作走向纵深[②]

为了鼓励社会多元力量参与社区矫正工作，发挥广大“五老”（老干部、老战士、老专家、老教师、老模范）在推进社会治理中的优势和作用，苏州工业园区湖东社工委首创社区矫正志愿服务积分兑换机制，以积分兑换推动各方志愿者参与社区矫正工作。

苏州工业园区湖东社工委借助移动互联网及微信公众平台为依托打造“新邻里+”志愿者积分兑换项目，以社区志愿者激励回馈机制为核心，激励更多社区居民关心社区服刑人员，为他们这个特殊群体提供志愿服务。除此之外，湖东社工委也将社区服刑人员每月8小时以外的公益劳动囊括在内，进一步激励他们更好地在社区服刑，用志愿服务来回馈社会，取得社会的信任、理解和包容。

① 叶慧娟．志愿者：社区矫正制度功能实现的重要补充 [J]. 兰州学刊 ,2013(11).

② 苏州工业园区文明办．苏州首创社区矫正志愿服务积分制 推动志愿工作走向纵深 [EB/OL]. 中国文明网 ,2016-05-19.

湖东社工委创新地将积分兑换应用于社区矫正工作中，由“五老”志愿者和社区服刑人员担任积分兑换的主体。“五老”志愿者通过线上领取任务，线下结对帮教帮扶，每完成一次任务都能获取相应的积分，积分又可以兑换相应的礼品。社区服刑人员在完成每月固定8小时的公益劳动外，也能通过领取额外的任务来获得相应的积分兑换礼品。

湖东社工委通过积分流动，线上带动线下，增进了“五老”志愿者与社区服刑人员的交流，丰富了社区矫正工作的效果。“五老”志愿者以此项工作为契机，展示了风采，奉献了余热。社区服刑人员也在“五老”志愿者以老帮青、以老带少、以老育新的关怀帮助下，认清犯罪的根源，避免了重新犯罪，也增添了回归社会的信心和勇气，增强了社区矫正效果。

第四章

社区志愿服务的形式

社区志愿服务可以采用各种各样的形式，这些形式之间互相补充，共同构成了社区志愿服务的完整体系。运用灵活多样、富有个性的活动形式可以更好地服务社会、满足居民需求，可以吸引更多的人参与到志愿服务的行列中来。对于社区志愿服务可以从不同的角度加以分类和归纳，区分出不同的形式。本章主要按照社区志愿服务开展的时间长短、社区志愿服务中志愿者与服务对象的关系、社区志愿服务对象的分布集中情况、社区志愿服务专业化的程度、社区志愿服务开展的地点以及社区志愿服务开展的目标等六个方面来介绍社区志愿服务的形式，将社区志愿服务的形式分为长期服务与短期服务、单向服务与互助服务、分散服务与集中服务、普通志愿服务与专业志愿服务、定点服务与流动服务、补救型志愿服务与预防型志愿服务等方面加以介绍[1]。

---

① 对形式的划分，参考穆青．社区志愿服务的类型、内容与形式 [J]. 北京青年政治学院学报 ,2008(4).

第一节　长期服务与短期服务

※

一、长期服务

从服务时间划分，社区志愿服务的形式可分为长期服务与短期服务两种。社区志愿服务最重要的特点就是与居民日常生活相一致的长期性、延续性和日常性。因此，长期服务是社区志愿服务中最主要的形式，是一种常态化的志愿服务。它一般是以持续半年以上为时间节点，在对服务对象进行了解和认识后，针对特定和具体的服务需求建立对接关系而开展的较长时期服务。为保障志愿者、服务对象和志愿服务组织各方面的权益，保证服务的有效开展，通常需要在活动开始前，各方签订服务协议，明确服务内容、方式、时间、地点、工作条件和安全保障措施。

在我国计划经济时代的“学雷锋”时期，中小学生个体或少先队、共青团小组对困难家庭的入户服务，即是一种典型的富有成效的长期服务形式。在我国社区志愿服务开展之初，这种服务转化为“一助一”长期结对计划或“综合包户”服务，也成为社区志愿服务最初的生长点，迅速得到了服务对象和整个社会的认可。长期型的志愿服务可以是入户式的如综合包户，也可以依托社区服务中心或街道文化活动中心等场所而开展，如在社区中心长期开展的义诊活动。

（一）综合包户

综合包户是在计划经济时期“学雷锋、树新风”活动中逐步形成的，各级团组织发挥所在行业优势，义务为社区内的孤寡病残和军烈属等社会特殊人群提供综合性服务，并将扶助时间、内容以签订责任书的形式固定下来的一种志愿服务形式。1983年，北京原宣武团区委首先在大栅栏街道开展了“综合包户”活动。由大栅栏地区的百货、副食、菜蔬、粮食、煤炭、浴池、理发、房管、医院等行业以及街道办事处的团员青年为本地区身边无儿女、年迈体弱的老人定期提供送日用百货、送副食品、送菜、送煤、送粮、维修房屋、理发、洗澡、卫生巡诊、打扫卫生等 10 项综合服务。80 年代“综合包户”服务的主要内容是提供物质支持，满足包户服务对象的生活基本需要。进入90年代，“综合包户”服务的主要内容是丰富服务对象的精神生活。“综合包户”活动因其“启动最早、坚持最好”而被公认为首都青年志愿行动的发端，为北京市志愿服务事业的发展做出了积极的贡献。[①]综合包户志愿服务是时代发展的产物，经过了几十年的发展，综合包户的效果没有减退，而是持续不断提升，形式内容不断丰富，核心价值不断传承，整个项目得到了壮大发展和社会的广泛认可。

（二）社区中心志愿服务

社区中心志愿服务是指在社区服务中心常年开展的、面向居民的志愿活动。社区服务中心是服务居民的重要场所，许多社区常年在社区中心组织志愿者为居民提供理疗、按摩、养生讲座、电脑操作培训、唱歌舞蹈训练等服务。自从1996年上海市建立罗山市民会馆，就开始有了市民参与社区服务中心（站）的志愿者活动。近些年来，我国社区服务中心蓬勃发展，截至2019年一季度，全国共有社区服务中心2.69万个（其中农村1.08万个），社区服务站14.61万个（其中农村7.81万个）。社区服务指导中心575个（其中农村14个）。[②]社区服务中心已成为为居民提供社区公共服务、志愿服务、便民利民服务的综合性服务场所。例如，在社区老年大学，志愿者为老年人提供电脑微信辅导、市民英语、自我保健与按摩等志愿服务。

---

① 张楠 . 社区常态化志愿服务项目分析——以“综合包户”志愿服务项目为例 [J]. 北京城市学院学报 ,2012(4).

② 民政部 .2019 年 1 季度全国社会服务统计数据 [EB/OL].http://www.caoss.org.cn/sbnr.asp?id=1570.

社区老年大学具有学习方式的灵活性、学习场所的便捷性、学习内容的可及性，不仅让社区老年人学有所教，也为他们参与社区生活提供了重要的资源和场地，使他们能够更加充实地与社区融合，在推进社区志愿服务方面发挥作用。在社区“四点半课堂”，志愿者为低收入家庭、外来务工子女等青少年提供免费托管、课业辅导、手工制作、康乐活动、个人成长等丰富多彩的课余活动。社区中心志愿服务增进了人们对于社区的认同感、归属感，有利于形成居民积极健康的生活状态，也让志愿者认识到他们在社区志愿服务中的参与价值。

（三）长期志愿服务的优势与不足

1. 长期志愿服务的优势

长期志愿服务在服务成效上具有明显优势，它有助于志愿者与服务对象建立起深厚的情感和信任关系，有助于满足服务对象的情感需求，有助于使服务对象的心理及行为问题得到改善，服务效果更加显著。

2. 长期志愿服务的不足

当今社会，人们的社会流动性大大增强，本职工作竞争压力大，子女教育、老人照顾负担较重，很多志愿者缺乏提供长期志愿服务的条件，如大学生需要兼顾学校的课程学业安排和志愿服务的任务安排，当二者发生时间上的冲突时，常常无法保证志愿服务的持续性和稳定性。长期志愿服务要求志愿者能提供较长时间、持续性的志愿服务，会使一些人群被排除在志愿队伍之外，不利于吸纳和动员更多人群的参与。

长期志愿服务案例

益泉古井，让古井在保护下为古巷历史文化添光彩[1]

苏州市姑苏区是我国著名的历史文化名城，区内历史文化古迹众多，在调动居民参与、保护传统古城的活动中，涌现出一批优秀志愿服务队伍和项目。其中，道前社区的益泉古井队就是长期活跃在古井保护方面的优

① 苏州市姑苏区全国社区治理和服务创新实验区汇报材料 .2017-07-25.

秀志愿团队。从2004年到现在，已开展服务14年之久，成为姑苏区环境保护类志愿服务的先进典型。

姑苏区是苏州市中心城区，也是全国唯一的历史文化名城保护区。古井、古巷、古宅、古迹满布街道里巷，沧浪街道道前社区历史文化底蕴深厚，作为历史文化保护型社区具有得天独厚的优势。道前社区益泉古井队成立于2004年，至今已有十余年，源于一位低保老人刘逸泉的公益之举。道前社区是一个拥有鲜明人文特色的古街巷小区，这里光古井就达124口，有着特殊的文化意蕴。对于从小生活在这里的刘逸泉老人来说，古井是他生活中不可或缺的一部分。出于对古井的热爱，老人用一只水泵、一把挖泥铲，走古巷、进大院免费为老邻居清洗古井，益泉古井队就以他的名字谐音命名。随着刘老年纪不断增长，三年前企业退休的机修工徐荣明师傅从刘老手中接过了洗井工具，担任了第二任益泉古井队队长。在他的带领下，古井队把道前社区百余口井反反复复洗了个遍，保证了井水干净、安全，益泉古井逐渐名声远扬，求助的声音不但来自姑苏各地，甚至还有来自东山的电话，古井队有求必应，求助人送来的致谢锦旗就达十几面。

两位队长的爱心接力和义举得到大家的称赞和支持，许多共建单位的党员、干部积极加入进来，古井保护志愿队伍不断扩大。如今，古井不仅得到了保护，还得到了利用。古井消防演练、古井暑期泼水节、古井保护知识竞赛，活动丰富多彩，井边洗衣物的居民成为古巷的一道历史文化风景线。

二、短期服务

（一）什么是短期服务

短期服务是指在较短时间内通过各种渠道开展的具有临时性、短暂性特点的社区志愿活动。丰富多彩的短期服务项目体现了社区志愿服务灵活性的一面。它可以针对节假日主题、居民暂时性的特殊需求或配合政府政策实施，充分发挥志愿者组织的动员能力，开展富有声势的服务活动。比如“喜迎党的十九大，大学生志愿者进社区宣讲活动”“围绕社会主义核心价值观和中国梦的演讲活动”、重阳节为老人义诊活动、建军节为军人义演。在社区通过主题宣讲、故事分享、便民服务等让居民一起感受国家发展取得的辉煌成就。这些活动形式符合时宜，接地气，聚人气，能引起社区居民高度共鸣，寓教于乐，烘托节日喜庆氛围，营造社区良好环境。

（二）短期志愿服务的优势与不足

1. 短期志愿服务的优势

短期志愿服务具有灵活性、短暂性的特点，可以及时回应突发性、急迫性、临时性的服务需求，适合于无法提供长期固定志愿服务的人群，如高校大学生、驻地军人，有利于动员和吸纳更多人员参与志愿服务。短期志愿服务同样能为服务对象带去关爱和帮助，倡导和传递社会正能量，同时使志愿者在提供服务中感受到社会责任和担当。

2. 短期志愿服务的不足

短期志愿服务由于服务时间的短暂性、临时性，不能为服务对象提供持续性的服务，难以使服务对象的心理和行为得到真正的改变，服务效果不够明显。同时，由于志愿者的经常变换，使服务对象需要不断适应新的志愿者，双方需要花费更多时间彼此熟悉磨合，不利于志愿者与服务对象之间建立稳定的情感联系和信任关系。同时，短期志愿服务也无法适应当前志愿服务项目化所要求的长期性和持续性。

短期志愿服务案例

南京市铁心桥街道尹西社区庆七一广场专题活动[①]

为了隆重纪念党的97周岁生日，进一步增强党组织的凝聚力和战斗力，歌颂建党以来取得的辉煌成就。2018年7月1日，尹西社区携手南京市益民社会服务中心兴办“不忘初心跟党走，共为党旗添风采”庆七一专题活动。

活动现场不仅有精彩纷呈的歌曲表演，向我们伟大的党献上最诚挚的祝福，《母亲是中华》《毛主席的光辉》《京歌联唱》等节目让居民在精

① 尹西社区庆七一广场专题活动 [EB/OL]. 南京市益民社会服务中心微信公众号 ,2018-07-02.

彩的歌舞中感受到了党的温暖与关怀。

活动现场还邀请到了医院为居民带来免费的专科义诊，设置了修鞋、理发等便民服务，让居民得实惠，与社会同发展。为增进社区居民对党风廉政建设的认识，扩大民主监督，特在活动现场开展了“廉政知识我知道”有奖竞答活动，居民纷纷表示此类活动很有意义。

活动结束后，不少居民表达了对党和社区的感谢之情，能够沐浴在党的阳光下是幸福的，同时也更加期待社区以后的活动。

第二节　单向服务与互助服务

※

一、单向服务

（一）什么是单向服务

从服务关系上，社区志愿服务可分为单向服务和互助服务两种形式。单向服务是指在社区志愿服务过程中，服务提供者和服务对象之间是单向的给予和接受的关系。如以济困扶弱为目标、以老弱病残人士为对象的志愿服务就是一种单向性志愿服务。提供服务者和服务对象之间在体力能力、社会适应、生活状况、心理状态等方面存在落差，服务带有“救助”和慈善的性质。例如针对当前社会上比较关注的独居空巢老人问题，社区通过“暖巢行动”“心灵呵护”“集体生日会”等志愿服务，帮助解决老年人生活上的困难和问题，关注老年人心理健康，组织老年人走出家门，参加积极、有意义的集体活动，为老年人安享晚年创造良好的生活环境。

（二）单向志愿服务的优势与不足

1. 单向志愿服务的优势

单向志愿服务可以让贫弱者感受到社会的关怀和温暖，缓解其生活压力和问题，缓和其自身焦虑、抑郁等不良情绪以及对社会的不满怨恨心理，提升其生活质量，帮助贫弱者渡过生活难关。贫弱者又因为曾身处困境得到了社会的无偿关爱，在其生活状况好转后，又可能成为下一个志愿者，帮助更多的困难人群，实现爱的传递和散播。对于志愿者而言，完全奉献、不求回报的单向服务体现了团结友爱、无私奉献的高尚品质，是对自身生命价值和人生意义的崇高追求。

2. 单向志愿服务的不足

被救助对象长期处于单向接受服务的位置，容易形成消极被动或自卑心理，有时甚至还会滋生理所当然的索取心态。而对志愿者来说，辛苦付出后缺少任何形式的回馈激励机制，使得志愿者长期服务的动力不足，只有特定的较高觉悟的人群愿意参加，导致志愿服务资源有限、无法持续。因此，应激发被救助者自助和互助的能力，努力改变自身环境和条件，从单纯受助者向互助者转变。

单向志愿服务案例

“春天里”失独家庭关怀项目[①]

江苏省南京市大光路地区的失独家庭共计 28 户 51 人，有 82.5% 为60岁以上的老人，失独父母长期忍受“白发人送黑发人”的精神痛苦，面临无人照料的养老困境。还有一些失独家庭成员由于痛苦郁结出现不同程度的心理障碍，迫切需要专业心理工作者进行心理疏导与心理救助，帮助失独家庭摆脱阴影，回归家庭正常生活。

在充分掌握情况后，2013年 3 月南京市白下区晓平社会工作发展中心（以下简称发展中心）重点推出了“春天里”失独家庭关怀专业化服务项目。发展中心以个案工作为基础、小组工作为载体，为失独家庭提供全面、专业、综融性的社区服务，为有需要的失独老人提供社区网络及支援服务，并推广义工精神，鼓励义工定期探访街区内失独老人，为失独老人提供关怀探访、精神抚慰、医疗陪护、送餐服务、个人护理、家务助理、代办购物、身后事宜安置等服务。为失独老人打造增能的社会支持网络，促进其社会功能的提高，让失独家庭感受到社会的关怀和温暖。

① 刘晓平．“春天里”失独家庭关怀项目 让爱盛放在“春天里”[J]. 中国社会组织 ,2014(9):20-21.

二、互助服务

（一）什么是互助服务

互助服务是人们相互之间提供无偿的帮助和支持的志愿服务，其根本理念是自助助人和共同发展，实现整个社会的和谐互助氛围。因此，随着社区志愿服务的展开，尤其是服务的长期化发展，必然会逐渐凸显出互助性的一面。志愿服务发展的一个宏观目标，是最终消除被助者的消极被动或自卑心理，激发他们改变环境和自我发展的能力和行动，使单向的救助能够转化为双向的互助，在整个社会形成人人可做志愿者、人人可以自助助人的环境和气氛。可以说，社区志愿服务的基本形式就是互助服务，单向服务只是发展过程中的阶段性特征。每个人都有需要他人帮助解决的困难，每个人也都有帮助别人的愿望和潜力，重要的是充分开发项目、提供条件和消除障碍，使任何人都能够尽可能充分地参与社会、奉献爱心。而随着社会的发展，必然会有越来越多的人参与到志愿服务的行列之中，使互助服务的网络更加完整。

（二）互助服务的优势与不足

1. 互助服务的优势

互助服务有助于激发人们参与志愿服务的积极性，激励志愿者不断投入志愿服务当中，扩大志愿服务的参与面，扩充志愿服务资源。通过“时间银行”养老服务模式，有助于缓解社会老龄化、少子化带来的养老服务人力资源不足问题。通过鼓励老、中、少、弱势人群、普通居民走出家门，都来参与社区志愿服务，可以增强居民间的良性互动，增强居民间的融合和信任，形成全民义工、友善社区。互助服务还可以使被服务对象从单纯的服务接受者转变为提供者，感受到自身的意义和价值，获得平等自尊感。

2. 互助服务的不足

虽然互助服务值得大力倡导，但仍有少部分群体缺少能力为他人提供服务，属于单纯的被照顾对象，比如瘫痪在床的失智老人。同时，需要注意的是，不应将互助服务变成一种为了获得物质报酬或奖励而进行的等价交换，这违背了志愿服务奉献、友爱、互助、进步的精神。

（三）互助服务的重要形式

1.时间储蓄银行

时间储蓄银行又称“时间储蓄”或者“时间银行”（time bank）。时间银行最早由美国耶鲁大学的法学博士埃德加·卡恩（Edgar Cahn）于1980年创立。所谓“时间银行”是将人们组织成为一个交换体系，通过时间的方式交换彼此的技能、资源和专长。通过为他人提供实际的帮助和支持，参与者每向“时间银行”“存入”一个小时，就可以在自己需要帮助时“取出”同等的一小时时间，每个人的时间都是平等的，不论交换的技能是什么，我的一小时时间就等于你的一小时时间。①

我国城市社区服务的“时间储蓄”形式发端于上海。1998年初，上海市长宁区虹储居委会开始推行“时间储蓄”服务形式，次年，当时总共1002户居民的小区里，拥有“时间储蓄卡”的“储户”就达到了757名，其中青年人占六成以上。由提供志愿服务的社区居民在存折上记录自己的服务时间，由居委会盖章认证，居民在自己需要服务时提取同等的服务时间，服务内容涉及给老人买菜、洗衣、陪护、免费修自行车、接小孩上下学、教师给学生补课、医生给病人看病、打扫小区卫生等居民生活的方方面面。目前，上海市兴起了升级版的“时间银行”——上海虹桥志愿服务网，扩大了居民互助的规模范围，开设更加便捷的电子账户，将志愿服务的时间和质量折算成积分，获得网站相应积分和兑换激励，也可以在更大范围内自由兑换。之后“互联网+志愿服务”的形式在我国其他城市陆续开展。近年来，“时间银行”理念被运用在养老服务领域，作为一种互助式养老在各地兴起，形成低龄老人为高龄老人提供服务并储蓄时间货币，以便自己年老时可以享受同等时长服务的新型养老服务模式。

---

① 李学斌主编.现代社区建设专题研究[M].北京：中国社会出版社,2016:138.

互助式志愿服务案例

南京市探索区级“时间银行”互助式养老模式[1]

南京市在2012年开始时间银行的试点工作，分别建立了社区级、街道级时间银行，2018年为落实民政部关于试点发展时间银行互助式养老的工作部署，成立了以鼓楼区为试点的首个区级时间银行，并设计开发了线上时间银行平台，目前已总结并拟向全市推广。

鼓楼区区级时间银行以“政府主导、统一管理；通存通兑、统一标准；数据集中、统一平台”为模式，通过政府购买服务、社会组织运营管理的运营模式推行区级时间银行。明确了时间银行是社区居家养老和机构养老的补充，解决了长期以来各地对时间银行探索过程中服务的条件下兑换的困惑——即时间银行服务仅在有志愿者自愿提供所需的服务时才可以兑换，创新性提出在无志愿者认领服务时，则由社区居家养老服务中心和养老机构提供市场服务。对时间银行的正确定位，不仅摆脱了原本托底资金过大和无法实现通存通兑的问题，而且遵循志愿服务的基本原则，尊重志愿者“自愿、无偿”的意愿，同时具有操作简单、风险小、可复制可推广的特点，迅速在区内取得良好的社会效益。

2018年，鼓楼区开设3家时间银行支行，23个网点，截至2019年5月底，鼓楼已在全区开设88个网点，全市居家养老服务组织已有523个开设账户。现鼓楼区招募养老服务时间银行志愿者1639人，直接服务4235人，总存储时间为5682小时，兑换642小时。

2. 邻里互助

邻里互助是一种基于共同居住地的临近关系，在邻里之间发生的互帮互助行为。我国传统上就有“出入相友，守望相助，疾病相扶持”的邻里互助。“远亲不如近邻”“老邻居”包含着人们对邻里关系的情感和重视。著名的“吕氏乡约”就是由北宋蓝田吕大钧及其兄弟、邻里亲友以书面的形式约定而发起的。其内容分为德业相劝、过失相规、礼俗相交、患

① 刘阳，于洁尘．鼓楼区举办“时间银行进社区公益行”系列活动暨鼓楼时间银行授牌仪式 [EB/OL]. 中国江苏网 ,2019-06-22.

难相恤四大项，后来经宋朝理学家朱熹的提倡在全国推行，至今在我国农村还有村规民约。邻里互助之所以在我国农业社会被重视，缘于低人口流动的农业社会，人们长久甚至世代共同居住于一地，相互熟悉、情感深厚，同村村民多数起源于同一姓氏，许多邻里间也有远亲关系，可以说是一种地缘与血缘的重合。同时，传统农业的劳动生产节奏缓慢也便于人们交往，在当时既缺乏国家提供的社会保障和社会服务，又没有发达的商品服务的、自给自足的小农经济下，只有依靠家庭保障及邻里互助来抵御社会风险，化解生活困难，由此形成了邻里互助的中华民族传统美德。①

随着我国社区服务、和谐社区建设的深入，邻里互助也被纳入街居工作的范围。一些先进的社区通过调查居民的服务需求和服务意愿、能力，为居民间搭起互助的桥梁和纽带。一些社区通过举办“邻里节”“邻里文化节”等活动，通过展示才艺、公益劳动、相互帮扶等，密切邻里关系，开展邻里互助。其中既有街道居委会主办的，又有小区业委会或社会组织举办的邻里节活动。

不可否认，“邻里相扶，守望相助”是人们对社区共同生活的一种美好期待和描述。但在急剧变迁的现代社会，城市化进程不断加快、社会流动日益频繁、信息化带来生活方式改变，居民的思想观念、行为准则发生了重大变化，邻里互助赖以生存的文化“土壤”日益流失，邻里关系呈现淡漠化的趋势，对邻里互助活动的发展也提出了新的挑战，邻里互助服务需要大胆创新改革以适应社会生活的新变化。

互助式志愿服务案例

南京市栖霞区姚坊门时间银行②

南京市栖霞区姚坊门时间银行社区互助公益项目是近年来涌现出来的时间银行的先进典型。由姚坊门慈善基金会发起策划、姚坊门彩虹社会工

① 李学斌主编．现代社区建设专题研究 [M]. 北京：中国社会出版社，2016:136.

② 姚坊门时间银行社区互助公益项目 [EB/OL].http://wm.jschina.com.cn/18852/zjh/society/201607/t2933044.shtml,2016-07-27.

作服务中心承接执行。该项目引入市场化和商业银行运营理念，丰富了志愿服务交换内涵。以往国内开展的“时间银行”主要通过以服务换服务的单一形式回馈志愿者。而“姚坊门时间银行”对实名注册志愿者实行完善的存、贷规则和激励机制，规范了志愿服务计时标准和服务流程，创新了志愿者获益形式，丰富了志愿服务交换的内涵。

项目参照商业银行运作理念，通过相应的存、贷规则和激励机制，使志愿者通过劳动，累积志愿服务时间。志愿者的“时间存款”按照7：2：1比例分别“存时间、换物品、兑现金”，即70%的时间存入银行，20%的时间可在街道慈善超市换物品，10%的时间可在社区基金会兑现金。这就是说，志愿者们存在“时间银行”的服务时间不仅可以兑换他人的服务，还可以兑换米面粮油等实物，甚至变成现金。

该项目自2014年8月起在南京市尧化街道王子楼社区试点以来，截至2016年6月，已建立13个社区分行，拥有705个居民志愿者、25个志愿团队，累计服务居民达57000人次，服务时间1.5万小时。目前该时间银行志愿者已经成为街道各类服务项目中的中坚力量，为项目实施节省大量人力和财力，通过调动志愿服务资源，以较低的志愿服务成本，解决了大量的社会需求。以发展最成熟的王子楼分行为例，自2014年8月至2016年6月，分行成立不到2年内发展了111名志愿者，而这些志愿者为社区老人、残疾人提供志愿服务4699小时，服务20100人次，基金会为此支付的志愿服务成本仅需17000元左右，不但促进了邻里互助关系的发展，更是极大降低了社会服务的成本。

志愿者提供的服务项目主要包括家政、护理、外出代办等。针对慈善超市兑换物品单一的问题，项目与超市合作，发放兑换卡，志愿者可以随时随地购买需要的东西。该项目与南京一家银行达成协议，发行“时间银行”卡，志愿者可以随时查阅服务时间和兑换现金。“时间银行”社区互助公益项目实现了邻里之间的良性互动，让志愿者的爱心服务“增值”，值得倡导。

第三节　分散服务与集中服务

※

一、分散服务

（一）什么是分散服务

随着社会的进步、经济的高速发展、人民生活水平的提高，居民对社区的要求不仅越来越多，而且越来越高。他们的需求已不仅仅局限于简单家政、代买代购等基本服务，需求层次更多地已上升到社区教育、文化娱乐、法律咨询、医疗健康等多方面的个性化服务。同时，社区还存在着高龄老人、重病患者不适宜到社区服务站点接受集中服务。社区志愿服务针对具体的、个体化的需求，一般采用分散服务的形式，分散服务是指为分散在不同地点的、相对独立的服务对象提供志愿服务的形式。“一助一”即是一种典型的社区志愿分散服务形式，由志愿者个人或者某个志愿团体为相对应的个别需求者提供单独的服务。

（二）分散服务的优点与不足

1. 分散服务的优点

（1）分散服务可以很好地适应不同服务对象的特殊需要，特别是行动不便人群的需求。社区是一个大的综合体，随着经济社会的发展、人们生活水平提高、生活质量的改善和社区服务需求的不断增加、外来人口的不断流入，社区居民结构日益复杂化，居民的需求也呈现多样化的特点，在此背景下，分散服务不失为一种满足社区居民多元化、个性化需求的可行办法。

（2）促使社区志愿服务提供者能对社区或者服务对象的变化做出快速反应。由于分散服务是由个人或者某个单独的志愿团体提供服务，个人或者团体有很大的自主权，受其他因素的控制较少。因此在服务过程中，可以随时根据服务对象的需求变化及时调整服务方案，在发生突发事件时也能第一时间处理和应对，一定程度提高了志愿服务的效率和效果。

（3）有利于培养社区志愿服务提供者的责任感。责任感不仅仅是对服务对象的责任，也有对服务提供者自身的责任。服务对象的分散性要求服务提供者前往不同的地点开展服务活动，没有更多的外部监督，这就要求志愿者做到把服务对象的问题放在首位，为服务对象负责，接纳不同的服务对象，在自我责任方面要做到人前人后一个样，随时进行自我监督，自我负责。

（4）通过服务对象信息的反馈，更容易整合各种资源。由于分散服务的提供者处于社区服务的前线，往往和服务对象直接接触得更多、更为深入全面，是服务对象首选的信息反馈人，因此，这些服务提供者往往第一时间知道服务对象的具体问题和需求，进而针对性地整合社区和其他资源，推动服务进程，更好地满足服务对象的个别化需求。

2. 分散服务的局限性

当然，分散服务也存在一定的局限性：

（1）社区志愿服务提供者各自行动，容易出现交叉重复的服务。因为分散服务没有在较大范围内进行组织协调，进而根据社区居民的不同需求进行服务提供，分散服务过程中，服务提供者之间通常沟通交流较少，存在相同需求的服务对象由多个不同的志愿者重复提供服务的情况。不同服务项目、内容之间缺乏交流合作，降低了服务的效果。如为老服务中，家政志愿服务与医疗志愿服务的彼此隔离。

（2）分散服务的人员费用较大、成本较高。因为服务对象居住的分散性，以及每次只能服务一个个体或家庭，造成志愿者需要花费更多的上门时间、精力和费用，服务的人数较少。分散志愿服务不具有规模效益。最后，分散服务计划不连贯，服务内容不统一，难以实施大型的志愿活动，社区整体的志愿服务控制较难。

分散志愿服务案例

家庭医生上门体检暖人心，常态化志愿服务受欢迎①

汕头市东墩街道联合金砂街道社区卫生服务中心，在桃园社区举办义医义诊、捐赠慰问活动，不仅有上门免费体检，还现场派发凉茶、凉扇等给环卫工人，常态化志愿服务真正“走进”群众生活，受到居民欢迎。

针对行动不便的老年人、残疾人、孕产妇等重点人群，街道和居委会积极发动社会热心人捐资捐物，并让志愿者上门为他们服务。75岁的郑阿姨年老体弱，还要独自照顾生病无法自理的儿子。近日，志愿者来到郑阿姨家中，为她测量血压、血糖，提供“家庭医生”签约服务。“通过签订家庭医生服务，居民可以建立健康档案，定期享受免费体检。像郑阿姨儿子这种特殊、重大疾病，还可以借助此渠道优先预约医院专家，走绿色通道享受优质医疗服务。”金砂街道社区卫生服务中心副主任医师何春雯介绍说。

二、集中服务

（一）什么是集中服务

社区居民中也存在各种规模的共同需求，可以将服务对象集中起来，开展相应的集中志愿服务。集中志愿服务是指针对有共同需求的居民或社区公共问题，居民及志愿者集中在一定的场所，依托社区资源和服务设施，由志愿者提供的社区志愿服务形式。通过集中服务可以用最少的人力、物力和精力达到服务效果的最大化。如面对居民在医疗卫生、法律援助、文娱活动等方面的需求，各种专业机构在社区内开展的义诊宣传、法律普及和援助、文体培训等志愿服务；以及针对社区建设中的公共问题开

① 杨桃公益 . 家庭医生上门体检暖人心，常态化志愿服务受欢迎 [N]. 汕头都市报 ,2017-07-25.

展的卫生整治、绿化美化等集中性义务劳动，都属于集中型的社区志愿服务。此外，社区服务站中开展的文化联谊、体育锻炼、兴趣交流等活动，以及依托残疾人服务中心、老年活动中心、青少年活动中心，与辖区单位志愿服务队协作，进行的康复训练、老年教育、课外学习辅导等活动，也是集中型的志愿服务。

（二）集中服务的优势

总的来说，集中服务有以下优势：

1. 减少社区志愿服务多余的环节，有助于提高服务效率

集中服务对社区志愿服务的资源进行整合管理，进一步减少中间环节、优化资源配置，从而制定合理的服务计划，对服务进行流程化的处理，提高了服务效率。

2. 有管理层的关注有利于提高服务质量

管理层是一个社区志愿服务项目全面管理的核心和焦点， 是项目实施过程中所有工作的总负责人，在社区志愿服务项目进行过程中起着协调各方关系及沟通人员、信息等方面的纽带作用。同时起到监督社区志愿服务的作用，在整个服务项目的全过程中处于十分重要的地位。

3. 可以实现志愿服务的规模效应

集中服务契合了社区的多元需求，把不同层级和不同领域的资源和人员有效组织起来，激活了服务资源，连点成片，进而形成有群众基础的服务模式。

4. 更便于实施各项志愿服务制度

集中服务通常由一定的组织机构统一提供，志愿服务组织本身就存在各种完善的规章制度，在社区志愿服务实践过程中，人员分工明确，有相应的奖励和处罚办法，对志愿者起到激励作用，使得服务方法更加科学，成效更加显著。

5. 为更多的社区服务志愿者提供了更好的职业发展空间

集中服务的规模和内容比起分散服务都更广，这就需要投入更多的社区服务志愿者，根据不同的服务岗位安排合适的社区志愿服务人员，为他们提供了一个职业发展和自我成长的平台。

集中志愿服务案例

中医零距离，义诊在身边[①]

为进一步关爱老年人身体健康，普及老年人健康保健知识，提高老年人的生活质量，共享健康快乐的生活，2018年1月2日上午9点许，南京市雨花台区恒宇居家养老服务中心邀请南京中医药大学的中医志愿者来到板桥街道新建社区活动室开展中医义诊，并且将进行为期一周的中医义诊活动。

活动现场热闹非凡，中医志愿者不仅认真为老人搭脉、手诊、量血压、推拿、针灸等等，还指导老人正确认识自己的疾病，并结合他们的生活习惯给他们讲解一些中医调理和预防保健养生知识，现场解答大家提问，帮助老人养成健康的生活方式和生活习惯。

开展义诊活动不仅帮助老人检查身体状况，也提高了老人的健康意识，老人对义诊活动高度点赞，希望能举办更多这样在自家门口就能享受到免费医疗保健服务的便民活动。

① 恒宇居家养老服务中心 . 中医零距离，义诊在身边 [EB/OL]. 板桥街道社会组织服务中心微信公众号 ,2018-01-09.

第四节　普通志愿服务和专业志愿服务

※

一、普通志愿服务

（一）什么是普通志愿服务

从提供服务需要的技术、知识含量多少上进行区分，社区志愿服务可分为普通志愿服务与专业志愿服务两种形式。普通服务，又称非专业性服务，主要指一些表现为体力劳动和简单技能劳动的志愿服务，具有大众性和广泛参与性的特点，是志愿服务的基层形式，也是目前开展最多、影响面和参与面最广的社区志愿服务。如一些社区开展的“爱护环境，人人奉献”活动。通过志愿者带动，让居民充分认识到社区环境建设的重要性。社区志愿者积极投身到环境卫生整治工作中，努力消除脏、乱、差等现象，调动社区居民爱护环境、参与环境治理的积极性。大学生志愿者是普通服务的主要提供者。如大学生针对社区空巢老人开展的亲情陪伴、打扫卫生、代买代办等活动。

（二）普通志愿服务的优势与不足

普通志愿服务具有的优势有：提供此类服务不需要有专业知识和技术，参与资格不受限制，招募工作程序简单，能够调动广大居民的广泛参与，因此志愿者的参与面较为广泛。

不足之处在于：提供服务的专业性不强，无法满足居民更高层次的专业服务需求。因此，目前已加大对普通志愿者的培训力度，如对纠纷调解志愿者开展法律知识培训，对为老服务志愿者开展老年人心理知识讲座等，加强志愿者服务能力建设，提升志愿服务水平和成效。

普通志愿服务案例

金狮社区“一对一温馨铃声”[①]

苏州市沧浪街道金狮社区，80岁以上的独居老人达到100人以上，随着社区老龄化加剧和空巢老人的增加，老人们越发渴望邻里之间互帮互助。金狮社区启动了“一对一温馨铃声”为老服务项目，以邻里互助的方式为高龄孤老提供生活照料和精神关怀。所谓“温馨铃声”，就是志愿者每天通过电话、门铃或者入户的方式走访慰问，看看老人的身体状况、精神状态或者有什么需要帮助的地方，老人们每天给志愿者报个平安。首批20位居民志愿者与20位高龄独居老人形成一对一帮扶，提供生活照料，如送菜上门、代购生活用品、代缴水电费、联系上门理发事宜等。另外，辖区共建单位的员工志愿者每月会用小推车将大米、食用油等必需品送到有需要的老人家中，并上门免费维修水电。温馨“铃声”最主要的还是精神上的关怀。每天一个铃声、一次敲门、一次问候，让老人们有所倾诉，可以缓解空巢独居带来的抑郁和孤独。这些高龄独居老人大部分都是住在这个老街巷几十年的老住户，和熟悉的老乡邻、老伙伴聊天谈心，倍感亲切。

二、专业志愿服务

（一）什么是专业志愿服务

专业志愿服务指需要较多专业知识和技能，由具有专业知识和能力的志愿者提供的志愿服务，如心理咨询、法律咨询、医疗服务等服务活动，

① 李亚男 . 金狮社区“一对一温馨铃声”[C]// 全国社区治理和服务创新实验区案例汇编 ,98.

它对志愿者有较高的素质要求，需要较为严格的招募、培训和管理机制，并需要社区和专业性志愿者或服务团队建立较为固定的合作关系。随着我国社区建设的深入发展、居民生活水平的不断提高，对专业服务的需求将越来越大；随着志愿服务组织的建设完善，开展长期固定专业性志愿服务的基础也逐渐得以巩固。根据我国《志愿服务条例》第十六条规定："志愿服务组织安排志愿者参与的志愿服务活动需要专门知识、技能的，应当对志愿者开展相关培训。开展专业志愿服务活动，应当执行国家或者行业组织制定的标准和规程。法律、行政法规对开展志愿服务活动有职业资格要求的，志愿者应当依法取得相应的资格。"

（二）专业志愿服务的优势与不足

专业志愿服务具有的优势有：专业志愿服务的服务质量和服务成效更好，可以满足居民更高层次、更高水平的需要，更能获得居民的信任和欢迎。不足在于：专业服务的成本相对较高，专业技术人员的人工补贴一般更高，服务过程中产生的成本更多，如中医康复、西医检测中需要消耗的材料。专业服务对志愿者的资质、能力的要求也更高，因而能够调动参与的志愿者数量较少。

专业志愿服务案例

医院—社区—家庭延伸护理服务模式①

武汉市某医院借鉴国外先进的延伸护理服务模式，针对出院患者、慢性病患者、老年病患者，家庭孤寡老人以及社会健康人群，自2012年6月开展了一系列出院患者家庭延伸护理和以社区为基础的延伸服务，探索建立了"以机构为支撑，社区为依托，居家为基础"的医院—社区—家庭延伸护理服务模式。

① 王颖，卢吉，褚彦香，武汉市某医院"医院—社区—家庭"延伸护理模式的实践与思考 [J]. 医学与社会，2015(4).

一、开展社区服务支持活动

延伸护理中心从各专科抽取工作5年以上的护理骨干，成立社区护理服务组，定期到社区为社区护士提供相关护理知识培训，提高社区护士的相关技能、理论知识水平和急救技能。同时到学校和大型企业普及健康知识，定期到敬老院为孤寡老人提供护理培训与帮助，为老人免费提供测血压、测血糖、压疮护理，提供相关护理用具等。

二、开展居家护理服务

各专科成立居家护理服务组，患者出院当日，由责任护士评估其生活、护理、疾病和家庭等方面的需求，根据需求由居家护理服务组的成员定期到患者家中为其及家属提供免费的居家护理服务和健康教育、康复护理，真正将护理服务延伸至患者家庭。居家护理主要针对老年、长期卧床、脑卒中、脑外伤等长期需要康复护理的患者，以及带管出院、造口、PICC置管、糖尿病、高血压等慢性病患者，孤寡老人、空巢老人等，提供包括伤口护理、PICC导管护理、更换鼻饲胃管或导尿管、血糖监测、胰岛素注射、母婴保健指导等服务。

三、开展志愿护理服务

护理部成立志愿护理服务领导小组，105个护理单元成立专科志愿服务组，通过与周边社区、有关部门协调和沟通，制定完善的服务制度、计划和工作安排，开展形式多样的志愿者服务，包括义诊、宣传、咨询、门诊义工、免费健康讲座等形式，将医疗护理服务延伸到社会，对普及常见病和慢性病的自我管理及预防、急救知识、意外事件处理能力的提高具有积极的促进作用。

第五节　定点服务与流动服务

※

一、定点志愿服务

（一）什么是定点志愿服务

社区志愿服务根据开展的地点是否固定，可分为定点服务与流动服务。定点志愿服务是指在街道、社区固定场所设立服务网点，为居民提供多种志愿服务，如理发、修理、义诊等服务项目。志愿者在小区广场、社区服务中心、社区居家养老服务中心等固定场所，针对居民需要开展定点服务，吸引居民参与，是社区定点志愿服务的基本形式。

（二）定点服务的优势与不足

定点服务的优势是：场所固定，便于向社区周边地区辐射，可以服务更多的居民，具有服务规模效应，服务成本较低。定点服务所在地点多数是居民经常聚集、集中活动的场所，开展服务可以让居民更好地了解学习志愿服务精神，吸引居民广泛参与，具有较好的宣传动员优势。

定点服务的不足之处：定点服务无法满足交通不便、地处偏僻的农村地区、偏远地区的居民需求，容易造成驻点社区和偏远社区居民在享受志愿服务中的不平衡、不公平，驻点社区因为地利之便，享受到更多的志愿服务，而偏远社区则因为交通成本、时间成本高而能享受到的社区志愿服务少，居民缺少参与的积极性。同时，定点服务也难以满足出行不便的重病老人、残疾人的服务需求。

定点志愿服务案例

宁波志愿服务广场“定时+定点+定单”模式开展服务[①]

宁波市江北区着力整合学雷锋志愿服务站资源，建设志愿服务广场，创新推出“定时+定点+定单”服务机制，推进学雷锋志愿服务制度化常态化。他们的定点志愿服务包括以下内容：

1.选择场地开阔、人流量相对集中的日湖公园等场所建设区级志愿服务广场。设置“江北区志愿服务广场”标牌，公布广场热线电话和注册网址，每月5日上午9时准时开展活动，叫响“每月5帮您”（每月我帮您）口号，打造全区志愿服务广场样板。

2.建设各具特色的街道（镇）、社区志愿服务广场。社区结合自身优势，整合资源，建设各具特色的街道（镇）、社区志愿服务广场，以“志愿服务大篷车”形式，定期集中开展服务。

3.各级志愿服务广场提出“每月有，季度优”目标，固定每月5日开展活动，每季度开展一场规模较大的特色活动。定点：将志愿服务广场作为固定场地，招募志愿者，开展志愿服务活动。定单：整理志愿服务项目菜单，活动开展前，征集群众志愿服务需求，提供订单式服务。

二、流动志愿服务

（一）什么是流动志愿服务

流动服务就是社区志愿服务提供者根据服务对象的需要，在服务对象所在地，开展满足服务对象需要的一系列志愿活动过程。流动服务相对定点服务的不同之处，主要在于提供服务的地点不固定，服务人员要在各个服务地之间流动。社区志愿服务应坚持资源共享的原则，因为每个社区

① 宁波志愿服务广场“定时 + 定点 + 定单”模式开展服务 [EB/OL]. 宁波文明网 ,2014-05-08.

的服务设施建设不可能面面俱到，尤其是专业性比较强、规模效应明显的服务设施和项目，应考虑在区县或街道、乡镇一级建立基础服务设施或服务团队，开展定期的常规流动服务，使更多人群参与到志愿服务、享受到志愿服务。如在很多地方已经广泛开展的流动图书馆、流动电影放映队等活动，即是依托区域性的图书馆、影片资料库等公共设施，通过移动载体如卡车、大篷车、厢车和专业志愿者队伍，将志愿服务普及推广到基层社区。流动志愿服务可以视作志愿服务的外展方式。

（二）流动志愿服务的主要形式

1. 流动图书馆

流动图书馆是一种重要的流动志愿服务形式。流动图书馆将图书资源运送到图书资料缺乏的边远地区或服务网点不完善的城乡社区，由志愿者提供图书运送及借阅管理等服务，对于丰富居民精神文化生活，传播科学文化知识，推进社区文化建设具有积极作用。通过流动巡回服务车将图书运送到流动人口集中居住的城中村、城乡接合部，为流动人口提供精神食粮，丰富他们的业余文化生活。通过在边远农村地区开设“农民流动图书馆”，为农民兄弟服务。通过图书馆与社区签订协议，建立社区流动图书馆，专门购置用于社区的图书资料，并定期进行更新轮换，方便居民就近就便阅读图书。“近年来，北京不少社区开始引进芬兰‘流动图书馆’活动，此活动是由芬兰通力百年基金会发起的公益志愿项目，致力于将‘阅读的乐趣’带给农民工子弟和生活在偏远地区的孩子。从2011年9月启动至今，流动图书馆已经拜访了全国55所小学和6个社区，为近5万名小学生带来了阅读的乐趣。”[①]在我国香港特别行政区，对于一些有阅读需求而人口尚未达到规划建设标准的社区，或位处偏远而附近又没有固定图书馆的社区，香港公共图书馆为当地社区居民提供流动图书馆服务。流动图书馆为丰富当地居民的精神文化生活发挥了重要作用。

2. 流动人口志愿服务

由于流动人口居无定所，普遍租住在远离市中心的城郊区，家庭缺乏经济能力购买市场服务，家长忙于打工谋生，缺少教育子女的时间、精力

① 芬兰“流动图书馆”让中国孩子分享阅读乐趣 [N]. 中国教育报 ,2016-05-27.

和教育资源，因此迫切需要流动志愿服务。南京市协作者较早开展了流动人口志愿服务。“流动人口社区教育探访服务项目是南京市协作者社区发展中心发起的，以流动探访服务的方式有效服务社区流动人口的志愿服务项目，始于2010年。项目以社区社会工作为服务手法与理论依据，以‘团结协作、助人自助’为服务理念，针对南京城乡接合部的流动儿童及家庭开展流动教育探访服务，以流动教育服务快车为载体，承载由（音像）图书馆、参与式教学工具、教育宣传展板、健康器材等设备组成的‘流动教室’，同时搭载具有专业社会工作服务经验的工作员、城市青年知识分子志愿者和有着切身成长经历体验的打工青年志愿者，有计划地持续深入城乡接合部流动儿童聚集的家庭、社区、学校，开展家庭教育、儿童成长、就业、法律、健康等巡回流动教育探访服务活动。”[①]此外，还有江苏常州团市委牵头发起的“快乐大篷车”，关爱农民工子女志愿服务项目等。

流动志愿服务案例

南京溧水区“剪剪爱”流动志愿服务把服务送到村民家门口

农村地区地域面积广大、村民居住分散、交通不便，迫切需要送到村口的流动志愿服务。南京市溧水区和凤镇推进“剪剪爱”项目，将免费理发服务送到村民身边。和凤镇地处南京市溧水区南端，镇域面积97.02平方公里，人口5.3万，辖5个居委会，6个村委会。一直以来，农村地区面临社会组织数量偏少，社区服务水平较低的问题，同时，城镇化的不断发展使得传统农村公共生活日渐衰微瓦解，村民在日渐原子化的同时，公共意识不断缺失。和凤镇为解决上述问题，通过购买服务方式，引入专业社会工作机构，设计开发了流动义剪志愿服务项目，满足了农村地区留守老人的生活需求，重建了农村公共生活。

① 北京志愿服务发展研究会 . 中国志愿服务大辞典 [M]. 北京 : 中国大百科全书出版社 ,2014:281.

免费为独居、空巢老人理发，南京“剪剪爱”项目服务达900余次[1]

龙虎网讯（记者 刘佳佳 通讯员 王星）为了给老年人提供更贴心便利的志愿服务，2017年7月起，南京溧水区和凤镇启动“剪剪爱”公益服务项目，为高龄独居、空巢老人等进行免费理发服务。据悉，目前“剪剪爱”已走过溧水9个社区，服务人次达到900余次。

据悉，“剪剪爱”有6名专业理发师志愿者，每月他们都会为老人们进行免费的理发服务。因为腿脚不便，95岁的张大爷已有10多年没去过理发店，平时都是邻居帮忙给他剪发。“以前不讲究美只追求短，少剪一次就少麻烦邻居一次。”张大爷说道。自从“剪剪爱”理发服务队的志愿者了解了张大爷的情况后，便与他约定，每隔两个月志愿者上门为他服务。“谢谢你们，剪头发真是方便多了。”

八旬老人周奶奶也是“剪剪爱”的受益者，“以前都是儿子开车载着我去剪头发，现在不用那么麻烦了，志愿者帮我剪的头发真不错。”除了张大爷、周奶奶外，其他享受过免费理发服务的老人纷纷夸赞志愿者的手艺好，“他们简直都成了我们的私人发型师了。”

据悉，溧水和凤镇“剪剪爱”公益服务项目以“剪出健康，带来快乐”为服务宗旨，在为老年人提供服务的同时，招募社区活跃居民作为志愿者参与社区服务。该团队每个月在每个社区开展一次“剪剪爱”免费理发活动。除此之外，为了让更多人受益，“剪剪爱”还在中杨社区设立助老理发点，每月15日、30日全天开放，获得老人好评。

义剪走进曹家站点，夏至送清凉[2]

2018年溧水区继续扩大“剪剪爱”免费理发志愿服务范围。2018年6月21日，骆山社区党总支、骆山社区村委会联合南京市溧水区和乐社会工作服务中心在曹家老年协会开展了“爱在骆山”义剪。

老人们对理发服务表示欢迎，等待的时候与熟人拉着家常，服务现场井然有序。

---

① 免费为独居、空巢老人理发 南京“剪剪爱”项目服务达 900 余次 [EB/OL]. 龙虎网 ,2017-09-11.

② 义剪走进曹家站点，夏至送清凉 [EB/OL]. 溧水区社会组织服务中心微信公众号 ,2018-06-21.

理发师杨师傅以及和乐社工都来自骆山社区，与老人们非常熟络。理发现场常常是这样的："你是那谁家姐姐吧？""哎呀，是的是的，原来是你呀！"

夏至，新发型，新气象，焕然一新啦！"爱在骆山"义剪项目在骆山社区定期开展。他们将骆山社区按照地域范围分成不同的片区设立分站点，固定服务时间，深入村民当中，方便村民享受服务。

（三）流动志愿服务的优势与不足

1. 流动志愿服务的优势

（1）流动服务贴近居民、方便居民。不同的社区情况各异，社区居民获取志愿服务信息的渠道也存在很大差异。而流动服务可以最大限度地深入基层，特别是偏远的农村地区、城郊接合部，贴近服务对象，成为社区居民家门口的便利站，满足社区居民的需求，改善他们的生活质量。

（2）流动服务灵活多变、因地制宜。当今社会发展日新月异，各种新知识新事物层出不穷，人们在社区的需求也日益多样化。流动服务可以根据当地社区居民的要求，因地制宜、机动灵活地开展各种志愿服务活动，除借还图书外，还可以随车举办展览、开设讲座、播放音像资料、文艺演出等，充分发挥社区服务功能。

（3）流动服务快捷高效。随着社会的快速发展，人们获取知识和信息的渠道越来越多，传统的社区志愿服务形式已难以跟上人们快节奏的步伐，但是，流动服务能根据社区居民的需要随时启动，灵活方便地深入街道社区主动开展服务，招之即来，来之能用，在最短的时间内为居民提供个性化的服务，适应市场经济条件下高效快捷的形势。

2. 流动志愿服务的不足

（1）宣传力度不够。社区流动志愿服务以其丰富的文化内涵和多姿多彩的文化活动，在加强社区文化建设中发挥有力的思想引导、社会教育、文化娱乐、信息传递、增进交流与沟通等重要功能。但是由于各种原因，在不少社区提起流动志愿服务还是一个陌生的名词，对其功能作用更是知之甚少。一些开展此项工作的单位，埋头干得多，宣传得少，服务效果、覆盖面和社会影响不够明显。

（2）有的流动服务质量不高。随着网络信息时代的到来，人们对社区志愿服务的需求已不再是满足传统的服务项目和内容，他们需要更多更新的知识和信息、更新颖有趣的服务方式。但由于各种因素，目前有的流动志愿服务存在着资料陈旧、设施落后、服务手段单一、服务内容粗放的问题，加之人员素质所限，缺少专业化、个性化、网络化的服务，无法满足社区居民日益增长的精神文化需求。

第六节　补救型志愿服务和预防型志愿服务

※

一、补救型志愿服务

（一）什么是补救型志愿服务

社区志愿服务按照目标可以分为补救型志愿服务和预防型志愿服务。补救型志愿服务是指针对已经出现的社会问题、困难人群和特殊人群，设法加以解决和给予救助帮助，旨在消除不良影响的服务形式。我国已开展的很多社区志愿服务都属于此种类型，并在扶危济困、社区矫正等领域取得了良好成效，有效地补充了目前我国社会福利制度的不完善之处。

工业化社会以前，西方各国对待贫穷、灾荒等社会问题，常常是通过政府救助、社会救济和私人慈善行为以及亲友邻里间互济互助等方法予以解决。工业化初期，由于人口的流动和贫困问题的加剧，政府的扶助和福利措施开始扩大规模，这类措施因为其救残补缺的功能而被学者们称为"补救模式"。随着各国政治、经济的发展，"补救模式"已经无法适应现代社会解决社会问题的现实需要了。本书对补救型社区志愿服务赋予了新的内容，补救型社区志愿服务不仅仅依靠政府的力量对社区居民提供救助，而且动员社区、企事业单位等资源对居民提供志愿服务。

（二）补救型服务的层次和特点

1. 补救型服务的层次

补救型志愿服务是在深入分析社区居民当前问题的基础上进行的，根据社区居民的不同问题，把补救型志愿服务分为三个层次，这三个层次由低到高分别为：给社区贫困居民提供能满足其基本生活物资的志愿活动；给社区居民提供日常生活照顾、精神慰藉的志愿活动；给社区居民提供解决问题平台的志愿活动。这样的分类方法是依据马斯洛的需求层次理论，人们通常在低层次需要获得相对满足后，才能发展到较高层次的需要。同时，通过不同社区的调研还可以了解到，不同社区经济发展水平及居民结构都存在很大的差异，无论从社区经济实力还是社区人口构成上来说，社区补救型志愿服务应该是多层次的。应当根据不同水平的经济基础，对不同社区的不同居民提供不同的补救型志愿服务，只有这样才能满足各类地区和各层次社区的多元化需求。

2. 补救型服务的特点

（1）补救型志愿服务具有及时性特点。这是补救型服务与一般性社区志愿服务的一个非常重要的区别。补救型志愿服务必须是在问题刚刚出现时及时提供，如果等到问题已经形成，那么，服务成本会急剧上升，补救的效果也会大打折扣。

（2）补救型志愿服务是一项全过程的、全员性质的工作。从问题的发生到问题的影响评估以及针对这些问题采取的志愿服务都需要不同机构、不同领域的人员参与，只有掌握了准确的第一手信息，开展补救型志愿服务才有其意义。

（3）补救型志愿服务具有参考借鉴价值。进行补救型志愿服务后要及时总结工作经验及教训，同时在服务过程中完善针对不同社会问题的各种志愿服务措施，这对于今后社区志愿服务的开展具有借鉴参考意义。要想使补救型志愿服务具有借鉴参考价值，志愿者必须树立管理服务意识，随时随地为服务对象着想，并在工作中充分发挥积极主动性，志愿者需要参加社区志愿活动规范培训，自身具备良好的专业素质，这样开展的补救型志愿活动才是科学有效的，总结出的经验和教训才具有参考学习的价值。

补救型社区志愿服务案例

药物滥用人员家庭辅导学苑①

上海市禁毒志愿者协会开展的帮助药物滥用人员家庭志愿服务项目，始于2011年。以家庭系统理论和家庭治疗相关的概念为关注点，以便更好地为药物滥用群体及他们的家庭提供有效的服务，使受益者通过项目的实施获得支持与指导、改变和成长，从而在帮助药物滥用人员家庭的同时使更多的戒毒者康复。项目的辅导方式包括系列讲座、小组活动、经验交流、专题活动、心理咨询、提前介入、培训班（培养核心辅导员）、家庭互助等。项目目标：改变认知，消除家庭戒毒盲点；掌握后续照顾技巧，提升家庭自信力，增强家庭支持力；帮助家属成为较好的问题解决者，修复亲子关系，提高家庭的接纳度，使家庭成为药物滥用人员的康复起点站，巩固戒毒成效。

二、预防型志愿服务

（一）什么是预防型志愿服务

预防型志愿服务是针对居民可能产生的问题和需求、社区发展过程中可能面临的问题，以预防减少问题的发生为目标的志愿服务。在社区开展预防型服务，意味着扩大志愿服务的领域，以志愿者组织为载体，将不同领域、不同专业、不同技能特长的志愿者联合起来，通过社会调查研究、信息收集共享、教育普及等方式，及时发现未来可能产生的问题、需求，并设计、实施有针对性的服务项目。

（二）预防型志愿服务的特点

1. 预防型志愿服务具有主动性特点

在一些社区，只有当居民询问某项服务项目在本社区是否存在时，社区才会采取相应的措施，引进志愿服务，满足居民的需求。社区对于居民需求“不询问不作为”的做法，将严重影响社区居民对志愿服务的满意

---

① 北京志愿服务发展研究会 . 中国志愿服务大辞典 [M]. 北京 : 中国大百科全书出版社 ,2014:279.

度，从而影响社区志愿服务的效果。但预防型志愿服务则不同，它要求服务提供者主动地去发现可能会发生的问题并及时地采取措施预防问题的发生、满足居民需求，防患于未然，这种前瞻性的服务形式无疑更有利于预防潜在社会问题的发生，提高服务对象的满意程度。

2. 预防型志愿服务具有针对性

不同的服务对象群体，他们的服务需求会有所差别，志愿服务提供者可以通过了解社区潜在服务对象的需求，有效连接各方资源，有针对性地开展普及教育活动，提出个性化的服务方案，如对社区的边缘青少年开展个案工作，及时纠正其不良行为倾向，防止网瘾、早恋、辍学及违法犯罪现象的发生。

3. 预防型志愿服务具有地域性

表现为社区预防志愿服务一定要符合当地实际需求，服务内容要根据不同社区人群的需要进行调整。比如，在地质灾害频发的山区，开展防灾减灾志愿服务；在河流湖泊遍布的农村地区，开展暑期青少年防溺水志愿服务。

（三）预防型志愿服务的主要领域

1. 社区健康预防服务

近年来，居民的生活方式与行为以及所处的自然和社会环境发生了剧烈的变化，某些威胁身体健康的危险因素，如吸烟、肥胖、不合理饮食、缺乏体育锻炼、精神紧张、各种慢性病等不断上升。而社区居民对健康的要求则日益提高，已不满足于单纯的寿命延长，更强调生命质量的改善。发展社区健康预防志愿服务是满足人民群众日益增长的卫生服务需求，提高人民健康水平的重要保障。社区健康志愿服务强调预防为主、防治结合，有利于将预防保健落实到社区、家庭和个人。社区健康预防服务主要是医疗、保健和康复三个方面，主要针对个体身心健康，具体服务内容应根据居民健康状况而改变。社区健康预防志愿服务有计划生育、慢性病预防、艾滋病预防、健康生活方式宣传等。只有健康预防志愿服务面向社区全部人群，贯穿于人的生命全过程，才能保障好居民的身体健康，降低医疗费用开支，为建设健康中国发挥积极作用。

2. 社区青少年预防志愿服务

针对社区边缘青少年，长期以来服务重点在于问题出现之后的解决和救助，目前正逐渐发展为成长辅导的预防性形式，即通过志愿者的主动介入，对青少年进行心理健康和正确行为方式的引导，减少问题的发生。

（1）可以通过社区志愿教育服务，为边缘青少年提供一个良好的学习环境。社区组织同辈群体帮扶活动，划分不同的学习小组，由志愿者提供学业指导、安全监管、心理关爱等。

（2）组织志愿法治教育活动，帮助青少年树立法律观念。邀请专门人员对社区内的边缘青少年进行法律普及，结合新近发生的案例让青少年了解到法律的强制性、普遍性、犯罪行为后果的严重性，理解什么样的行为会触犯法律，从而告诫青少年不能冲动行事、不能抱有侥幸心理去触碰法律的底线。

（3）加强社区志愿教育资源建设。社区与当地高校院系或社团进行合作，由大学生为社区边缘青少年上课。大学生群体通过志愿活动，在课余时间发挥自身专业特长，锻炼语言表达能力和人际沟通能力，培养社会责任感。青少年与大学生群体年龄间隔小，成长环境相近，彼此间有共同语言，便于有效沟通，是开展青少年预防志愿服务的良好人力资源。

（4）增加青少年社区志愿活动。定期组织青少年进行公益志愿活动。例如为社区空巢老人提供志愿服务，为社区残疾人提供帮助，开展植树绿化活动、烈士陵园扫墓活动等，使边缘青少年在公益活动中强化社会道德意识，在活动中学习如何与他人相处，通过志愿服务获得他人的赞许从而获得自我成就感，修正自我的价值观和人生观。

预防型社区志愿服务案例

安全卫士消防驿站[1]

苏州市金阊街道西街社区位于古城区内，辖区内老房子较多，多为砖木结构的苏式民房，社区老旧电线乱牵乱挂、电线裸露老化，一旦发生火灾，因街巷狭窄，消防车无法及时到达火灾地点，存在严重的安全隐患。针对社区安全问题，居委会组织实施了“安全卫士消防驿站”项目。活动一：购置安全卫士志愿者装备。为了保障居民生活安全，2016年10月25日，社区招募了75名社区安全卫士志愿者，为他们购置巡逻装备，购置灭火器，在社区50个点安置灭火器。活动二：“安全用火，幸福你我”安全到你家。社区安全卫士志愿者在巡查街道时，为居民宣传安全用火知识，让居民了解日常的防火知识，提高居民消防意识。活动三：“安全用火，幸福你我”消防演习。为贯彻“预防为主、防消结合、综合管理”，提高居民逃生自救及面对突发事件的应变能力，防患于未然。2016年11月25日，西街社区组织了100名居民由消防培训公司对居民进行灭火器使用、逃生演练、伤口处理等相关安全知识培训。活动四：安全知识竞赛。为了提高居民消防安全意识，积极营造全民学习消防知识、关心消防工作的良好氛围，社区开展消防安全知识竞赛，竞赛评选一等奖1名，二等奖10名，三等奖15名。

通过项目的实施，小区居民消防安全意识得到大大增强，有效地预防了老城区火灾的发生。

尽管社区志愿服务的形式可以从不同的角度进行区分，但在具体服务的开展过程中，往往体现为综合性的形式。而从发展的角度看，社区志愿服务应是以普遍、便捷的互助网络为基本形式，长期服务与短期项目相结合，在既有的普通服务、补救型服务的基础上，大力发展专业服务和预防型服务，并通过社会调查、专业培训、组织制度建设等方式，实现社区志愿服务的规范化、前瞻性发展。

① 张彩云 . 安全卫士消防驿站 [C]// 全国社区治理和服务创新实验区案例汇编 ,276.

第五章

社区志愿服务信息化

信息化是激发人们主动参与志愿服务的良好方式和手段，是社区志愿服务的重要研究内容。用信息化技术来支撑、推进社区志愿服务的持续健康发展、提高社区志愿服务管理水平、提升志愿服务的效率和质量是社区志愿服务发展的必然趋势。本章主要包括社区志愿服务信息化概述、社区志愿服务信息化的优势和意义、社区志愿服务信息化的内容、社区志愿服务信息化的形式、社区志愿服务信息化的工作职责。

第一节　社区志愿服务信息化概述

※

一、社区志愿服务信息化的背景和含义

（一）社区志愿服务信息化的背景

1. 志愿服务信息化是我国实施信息化发展战略的必然要求

2016年7月，中共中央办公厅、国务院办公厅印发了《国家信息化发展战略纲要》，其内容指出：当今世界，信息技术创新日新月异，以数字化、网络化、智能化为特征的信息化浪潮蓬勃兴起，没有信息化就没有现代化。适应和引领经济发展新常态，增强发展新动力，需要将信息化贯穿我国现代化进程始终，加快释放信息化发展的巨大潜能。以信息化驱动现代化，建设网络强国，是落实“四个全面”战略布局的重要举措，是实现“两个一百年”奋斗目标和中华民族伟大复兴中国梦的必然选择。[①]党的十八大以来，志愿服务工作纳入全面深化改革大局，成为弘扬和落实社会主义核心价值观的重要载体。据全国志愿服务信息系统提供的数据，截至2016年底，全国在该系统登记的志愿服务团体数量达到287516个。到2017年6月，志愿服务团体数量增长到342065个。庞大的志愿者群体，数量繁

① 中共中央办公厅 国务院办公厅印发《国家信息化发展战略纲要》[EB/OL].http://www.gov.cn/xinwen/2016-07/27/content_5095336.htm,2016-07-27.

多的志愿服务项目，日益增长的志愿服务需求，需要一套行之有效的信息管理系统，如果没有统一的信息管理规范，就无法应对日益壮大的志愿服务管理工作。因此，志愿服务信息化是顺应时代发展潮流、与时代接轨的重要举措。

2. 目前我国志愿服务信息化发展状况还不适合信息化时代的要求，需要进一步实现志愿服务信息化

据《中国志愿服务发展报告（2017）》志愿服务蓝皮书的调查问卷分析显示，在志愿者主要通过何种渠道了解志愿服务的相关信息方面，75.41%的人回答通过组织（比如所在学校、单位等）通知，在5.07%的其他人群中，主要也是通过学校获得志愿服务信息的，意味着有八成左右的志愿者通过组织获得志愿服务信息。有近2/3的受访者是通过社交平台（如微信、QQ）了解志愿服务信息的。有1/4的志愿者是通过电视传媒了解志愿服务信息的，还有16.58%的志愿者是通过亲友介绍了解志愿服务信息的。①

图5-1　获知志愿服务相关信息的渠道分布

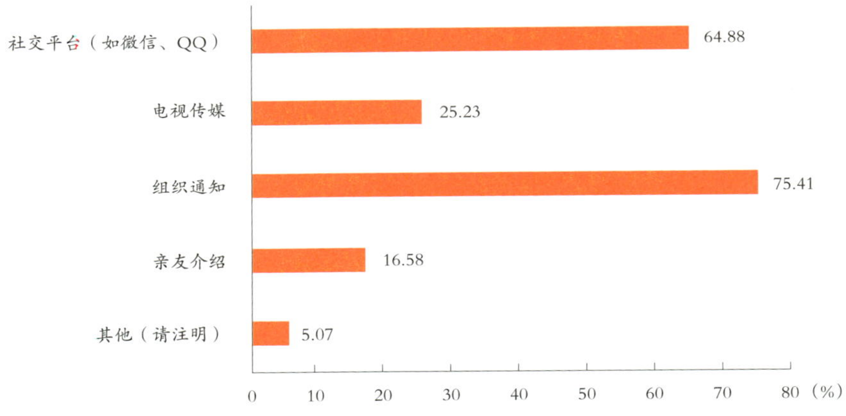

目前社区志愿服务信息化程度低，社区志愿服务工作信息建设滞后，大量的信息不能通过有效的网络平台展现，有的甚至靠手工整理，无法保证工作效率。社区组织、志愿者以及政府有关部门往往需要同样的信息数据，可是在信息收集的过程中却是各自为政，形成了信息孤岛，存在大量

① 中国志愿服务联合会编著．中国志愿服务发展报告（2017）[M]．北京：社会科学文献出版社，2017:30.

数据的重复收集，汇总统计重复麻烦，同时也增加了社区工作者的工作量。因此，需要有一个统一的信息平台能够将人们从繁杂的工作中解脱出来，并能保证志愿服务的质量与效率。在信息时代，借助技术手段推进社区志愿服务是社会发展的趋势所在。积极推动社区志愿服务信息化管理，可以发挥网络化、信息化平台的优势，让志愿服务活动的信息发布更加直观迅速，社区志愿者参与活动更加方便快捷，实现登记、培训、服务（活动）、管理无缝对接。

3. 社区志愿服务信息化有助于减轻社区工作者的工作负担

随着社会的发展和改革的深入，社区在整个社会运转中的重要作用越来越凸现出来，但是社区承担事务繁多、工作负担重。社区志愿服务需要做大量常规事务性工作，仅仅依靠传统的手工记录已经不能满足社区志愿服务的工作需要。社区志愿服务需要借助新的技术手段、专门的信息管理系统，实现社区志愿服务的高效便利。社区志愿服务信息化就是为了适应发展需求，通过数字技术、网络技术将志愿者信息、服务对象信息、志愿服务组织信息相互联结，使社区志愿服务可以实时进行各种形式的信息交互，通过网络及多媒体技术，切实保障志愿服务对象及志愿者的利益，使社区志愿服务高效化、智能化，提高社区志愿服务水平，减轻街道、居委会、村委会的工作负担，保证社区志愿服务质量。

2017年颁布的《志愿服务条例》（以下简称《条例》）包含了许多推进志愿服务信息化的规定，为我国志愿服务信息化奠定了法律保障。包括：

引导志愿者信息注册。《条例》第七条规定："志愿者可以将其身份信息、服务技能、服务时间、联系方式等个人基本信息，通过国务院民政部门指定的志愿服务信息系统自行注册，也可以通过志愿服务组织进行注册。"

规范志愿服务组织登记志愿者信息相关行为。《条例》第十九条要求志愿服务组织要"如实记录志愿者个人基本信息、志愿服务情况、培训情况、表彰奖励情况、评价情况等信息"，并"按照统一的信息数据标准录入国务院民政部门指定的志愿服务信息系统"。

（二）社区志愿服务信息化的含义

1. 志愿服务信息化的含义

志愿服务信息化是指充分借助信息技术，将志愿者、志愿服务组织、志愿行为等志愿服务资源整合在一个高效的信息系统之中，利用APP、微信、微博、QQ等网络志愿服务平台，为被服务群体提供扶贫帮困、社区建设、环境保护、大型赛会、应急救助、海外服务、上门服务、敬老帮扶等多种形式的志愿服务，实现服务的计算机化、网络化、智能化、信息化，是一种基于大规模信息智能处理的新型志愿服务管理方式。

从应用的角度看，志愿服务信息化是运用新一代信息技术，融合多种网络资源，覆盖志愿者扶贫帮困、敬老助残、医疗康复、心理咨询、文体教育和法律援助等诸多领域，融合人文 、生活、经济环境，形成基于海量信息和智能处理的新型服务管理方式。

2. 社区志愿服务信息化的含义

广义的社区志愿服务信息化是在整个城市或农村地区运用志愿服务信息系统进行志愿服务的管理，涵盖范围广泛，将信息化技术渗透到社会公益、社区建设、环境保护、文化娱乐、扶贫帮困、敬老助残、医疗康复、心理咨询、文体教育和法律援助与宣传等多种形式的社区志愿服务活动中。狭义的社区志愿服务信息化，则是对某个街道、社区范围内的志愿服务进行信息化管理和服务，涉及的范围主要是与社区成员生活密切相关的社区志愿服务。具体而言，狭义的社区志愿服务信息化是指以社区为服务范围，依托城市街道及居民委员会、农村乡镇及村民委员会或社会组织，并可以与相关企业、单位合作，成立志愿服务活动的组织机构，通过现代信息网络技术，详细记录社区志愿服务情况，对接社区志愿服务资源，统计社区志愿供需情况，完成社区志愿服务网络建设，建立社区志愿服务平台。本章主要讲述狭义的社区志愿服务。

二、社区志愿服务信息化的目标

社区志愿服务信息化会让社区志愿服务管理更加有序，服务更高效，服务质量有保障，同时也能提高志愿者工作的积极性，加强志愿者与服务对象之间的信任感，推动社区志愿服务更好发展，通过社区志愿服务的信息化，期望实现的具体目标有以下几方面：

1.建立涵盖社区居民、社区单位、志愿者和公共资源的社区志愿信息综合服务平台，有效管理社区志愿服务的资源、供需等情况。

2.通过已经建成的网络平台，建立数据采集网络，建立社区居民、社区单位和公共资源综合信息库；根据街道特点对系统平台扩展，建立社区志愿服务系统，如老年人志愿服务、弱势群体志愿服务等系统。

3.梳理街道社区志愿服务流程，使志愿服务工作标准化，提高服务透明度及办事效率，提高社区志愿服务水平。

4.通过推广、应用社区志愿服务信息化平台，优化、简化工作流程，实现社区志愿服务工作标准化，为提高社区志愿服务水平打下基础。

5.建立社区居民、社区单位、志愿者和公共资源的综合信息库，消除信息孤立，达到数据共享，实现社区居民、社区单位及其他相关人员之间信息互通、信息公开，方便及时交流。

第二节　社区志愿服务信息化的意义

※

一、社区志愿服务信息化对社区管理的意义

社区志愿服务信息化以网络为主要媒介，对于社区志愿服务有重要意义。社区是现代社会最重要的基层组织之一，也是人们居住、生活、交往、学习的主要场所。社区志愿服务信息化在增强社区志愿服务管理效能、加快城市信息化进程、提高社区居民生活质量等方面发挥重要的作用。积极推进社区志愿服务信息化建设，将使社区志愿服务管理和社区志愿服务更加高效，社区居民更加满意，可以有力地推动和谐社区、和谐社会的建设进程。因此，社区志愿服务信息化具有十分重要的意义。综合看来，社区志愿服务信息化对于社区管理主要有以下几方面的意义：

（一）便于社区居委会对志愿者的信息管理

社区对志愿者的基本信息能够做到底数清、情况明、变动及时了解，确保信息采集及时。把信息化作为社区志愿服务的有效手段，实现信息统一、全面覆盖，推进社区志愿资源整合。

（二）推动城市街道及社区居委会、农村乡镇及村民委员会减负归位

重点实现社区志愿者服务规范、有效，推动社区志愿服务网格化和社区信息化融合发展。网格采集社区志愿服务信息，能通过网页展示或者其

他网络平台进行信息共享后，根据及时动态的基础信息支撑，推动信息公共平台建设，减轻村居工作负担。

（三）提高城市街道及社区居委会、农村乡镇及村民委员会办事效率

利用社区志愿者信息系统带来的便利高效，对志愿服务有效分配，快速分配职责，高效实施社区志愿服务。

（四）夯实社区志愿服务网格基础、利用基础信息系统，促进社区志愿服务管理信息化

依托基础信息系统，开发建立社区志愿网格综合信息服务系统，实现了社区志愿服务与职能部门的信息对接交换和资源共享。

二、社区志愿服务信息化对社区志愿服务的意义

（一）方便社区志愿服务管理，推动社区志愿服务发展

通过建立统一的社区志愿服务信息系统，为社区志愿者注册、社区志愿组织管理、社区志愿服务项目发布开展以及志愿服务时间记录等提供了便利，在社区志愿服务供需精准对接、社区志愿服务记录证明出具、社区志愿者星级认定等方面发挥了良好作用。保证了社区志愿服务资源的有效整合和合理配置，提高了志愿服务对接的精准度。保证了志愿者在志愿服务记录、奖励、证明等方面的权益，方便了公众参与志愿服务，有利于提高社区志愿者的服务积极性。

通过建立省级志愿服务信息化系统，使各部门、各层级、各地方之间的志愿服务数据信息实时互联互通，避免信息的重复录入和各地志愿服务信息孤岛现象，实现志愿服务的大数据管理，方便职能部门科学高效管理，为志愿服务事业的顶层设计和宏观决策提供参考。

（二）增强社区志愿服务参与者之间的交流互动

社区志愿服务信息化利用覆盖社区的志愿信息网络进行资源整合、开发利用和综合服务，向居民及志愿者提供全方位信息服务，缩短志愿者与服务对象之间的距离。有利于加强社区与政府部门之间，社区成员之间，社区与志愿者之间，社区与居民之间的交流与互动，推动社区志愿服务建设。逐步满足社区居民个性化、多元化的需求，提高社区居民生活质量。

因此，社区志愿服务信息化建设不仅有利于增强社区管理水平，更有利于提高社区文明程度，建设全面和谐发展的社区。

（三）有利于社区志愿服务得到足够多的信息支持

志愿者或志愿服务组织参与志愿服务要想取得好的效果，需要具备足够的有关服务对象、服务内容、服务标准等方面的信息，只有获得足够多的有效信息才能保证志愿行动的有效开展。志愿者或志愿服务组织缺乏足够的信息支持往往会给其行动带来不便和难题，例如，志愿者抵达行动地点之后却发现自身缺乏相关技能、参与行动的志愿队伍过多等，甚至一些志愿者在志愿行动中缺乏必要的风险信息而受到伤害。[①]通过建立志愿服务信息化系统，可以及时向志愿者提供充足全面的服务信息，确保志愿服务的有效开展。

① 高和荣，赵春雷．志愿服务发展插上“信息化”之翼 [J]. 中国社会工作，2017(10).

第三节　社区志愿服务信息化平台的内容

※

一、社区志愿服务信息化平台建设的内容

社区志愿服务信息化平台在设计过程中要充分考虑先进性、扩展性和开放性原则。本节中的社区志愿服务信息化平台主要包括服务网站、呼叫中心、宣传及通讯软件、社区志愿服务信息平台系统[①]四大部分的内容。社区志愿服务信息平台系统是信息平台建设内容的综合化表现，它基于服务网站、呼叫中心、宣传及通讯软件信息化平台的功能基础上，进行更加系统化的模块作业。

（一）服务网站

服务网站主要用来宣传或表彰社区志愿服务行为并接受志愿服务申请，网站设有信息管理系统，主要对社区志愿服务信息进行管理与记录。服务网站设计定位于高层次网络服务，不能是简单的介绍宣传型网站，而需要建立服务实时受理系统，从社区居民在网络上开始反映问题需求到志愿服务开始受理，再到社区居民评价，全程网络化完成。通过社区志愿服务网站为社区居民服务，发挥社区志愿信息服务平台的作用，形成正确的

---

① 佘双好主编．志愿服务概论 [M]. 武汉：武汉大学出版社 ,2013:40.

服务定位，确立以社区志愿服务平台为中枢，以群众需求为导向，以信息化服务为手段，以信用管理为核心，以整合资源为保障的社区志愿服务信息化平台。

服务网站包括首页、志愿服务信息公开、社区志愿服务组织中心等栏目。展示社区志愿服务风貌，倡导文明友好、互助关爱的社会，为社区居民提供一个交流互动的志愿服务信息平台，社区居民通过社区志愿服务网站，可以清晰地了解社区志愿服务最新动态，轻松地获取所需的志愿服务信息，方便居民的日常生活。

（二）呼叫中心

服务平台设置呼叫中心，并设有专门的志愿服务接待专员，主要负责回应社区居民需要的紧急服务或对网络操作不熟悉的居民的志愿服务申请。其规模视社区具体情况而定，并将服务网站和呼叫中心共用信息中心，保证社区志愿服务资源状态信息一致，实现了两个系统的无缝衔接和交互。

（三）宣传及通讯软件

宣传及通讯软件是一种宣传所在社区志愿服务活动以及方便参与者沟通互动的交流软件。社区志愿服务信息化手机APP是根据所在社区的志愿服务活动类型建立自己的志愿服务APP，可实现志愿者手机注册、就近志愿服务信息查询、志愿者培训信息关注、团队活动发布、求助推送等功能，便于社区居民参与志愿服务活动。

利用微博、微信、QQ可以宣传社区志愿服务活动，制作社区志愿服务网页，同时也可以进行线上交流。另外通过微信、QQ可以建立微信群、QQ群，方便社区志愿服务人员以及社区居民与志愿者之间相互联络。[①]

（四）社区志愿服务信息平台系统

社区志愿服务信息平台系统是基于服务网站、呼叫中心、宣传及通讯软件以上三方面的信息平台而设立的关于社区志愿服务的综合信息系统，整体上也属于社区志愿服务信息化平台建设的内容，包括社区志愿服务信息平台管理系统、社区志愿服务互动系统、社区志愿服务基础信息共享系

① 杨振宇 . 北京社区志愿服务走向常态化 [J]. 中国社会工作 ,2015(6).

统等三部分内容，包括能够完成社区志愿服务的某一具体领域的管理操作系统，是对服务具体实施互动的系统、数据可以共享的系统，可以使服务更加精准有效。

1. 社区志愿服务信息平台管理系统

社区志愿服务信息平台管理系统通常以社区为单位进行建设，该系统平台功能区域主要由社区志愿管理服务中心、社区志愿服务域、社区志愿服务参与者等三大部分组成。社区志愿管理服务中心主要由社区内的工作人员组成，处理志愿服务相关事宜；社区志愿服务域，主要涉及志愿服务的领域、范围，包括老年服务、青少年服务、妇女服务等多方面；社区志愿服务参与者包括社区居民、学校大学生以及其他社会人士。系统采用层次化设计，结构清晰，通过社区中的志愿服务网站、呼叫中心、宣传及通讯软件，直接采用电信、联通、移动等运营商的现有平台与终端进行信息的反馈与处理，发挥平台管理效应。

社区居民通过社区志愿服务信息平台，通过呼叫中心、服务网站等主动发出社区志愿服务申请，社区志愿服务信息平台管理系统的相关工作人员通过平台接收社区居民提交的社区志愿服务申请，社区志愿管理服务中心通过服务网站等联网PC终端，进行社区志愿服务日常事务管理、发布社区志愿服务通告通知、接受平台转发的居民提交的社区志愿服务申请。

2. 社区志愿服务互动系统

依托互联网，在社区建立社区志愿服务互动系统，包括志愿者组织内部及其与社区的互动、志愿者个人之间及其与社区之间的互动等多种互动系统。利用社区志愿服务信息平台成立社区志愿服务互助基金、社区志愿者论坛，开展社区志愿服务微课。

借鉴发达地区经验，社区志愿服务互助基金通过成立志愿服务网络淘宝店，以网店模式进行志愿招募、网络志愿服务监督和志愿服务宣传学习，成立志愿网络监督志愿者团队，在网络上招募大量的年轻志愿者，进行志愿服务方面的义卖来获取志愿服务基金；社区志愿者论坛主要通过微博、微信、QQ等平台，设置交流论坛版块，供志愿服务领域的专家和其他志愿者进行交流。此外，还借助社区志愿服务信息平台，利用服务网站以及QQ、微博等通讯宣传软件来推动社区志愿服务微课的宣讲，吸引大批社区群众参与社区志愿服务，为城市新居民参与志愿服务提供了新路径。[①]尽可能改变信息的传输方式，从单向灌输式转变为双向交互式，着力增加网站互动功能。可按照志愿服务项目分类，分别开设不同的版块，充分调动高校团委和大学生的积极性，指定某一单位或专人承包建设一个子版块，鼓励志愿者到版块发帖，不断提升人气。开通志愿者微博，提供志愿者交流感想、记录心情的平台。开通网站留言板，提供志愿者提问的场所[②]。

3. 社区志愿服务基础信息共享系统

社区志愿服务可能存在多个专有系统，各系统之间数据不能共享，不仅造成社区志愿工作人员对数据重复采集，工作量加大，还会影响各部门之间协调配合，导致办事效率低下。社区志愿服务基础信息共享系统通过建立全面的社区志愿服务基础数据库，实现信息资源的共享。

社区志愿服务数据库包括社区有关志愿服务的社会组织、社区自组织、大学生志愿服务组织等志愿服务组织，登记、注册等社区志愿服务管理部门以及参与老年、儿童等志愿服务的各领域志愿者，通过社区志愿服务信息平台系统的应用，可做到数据一次采集录入，多次重复应用，为各个职能部门提供数据资源，并逐步形成各基础资源数据库，消除信息孤岛，这样不仅提高了社区志愿服务的工作效率和服务水平，而且保障了各职能部门对社区志愿服务基础数据的充分应用。

社区志愿服务信息化内容如图5-2所示：

---

① 张佳慧. 从“网格化”到“互联网＋”：社区管理与服务模式的重构——以海宁市西山社区为例 [J]. 嘉兴学院学报 ,2017(2).

② 蒋韵. 引入信息化手段优化志愿服务管理机制：镇江市注册志愿者信息管理系统的实践与应用 [J]. 管理观察 ,2013(24).

图5-2　社区志愿服务信息化平台内容

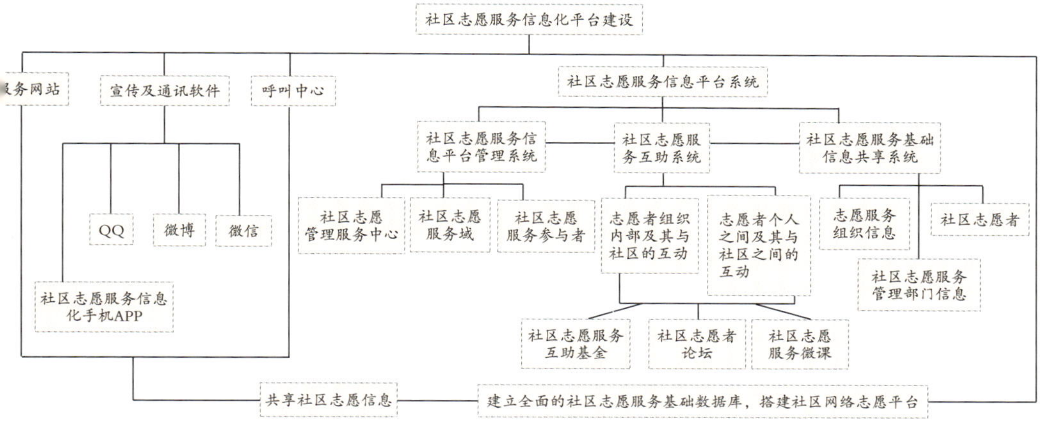

二、社区志愿服务信息化平台的意义

（一）节约服务成本，提升专业服务水平

社区志愿服务信息化服务平台投入运行后，在很大程度上促进了社区志愿服务的发展，提升了志愿服务的信息化水平和服务水平。一些地方的社区志愿服务平台由于受到认识、财力和技术人才等多方面的限制，无法承担高昂的信息化一次性投入和维护成本，信息化程度普遍不高，而且大多数服务信息系统的稳定性和安全性不能得到有效保障。社区志愿服务信息化平台采取“集中投入、统筹开发、专业维护、平台共享”的服务方式，在社区志愿服务信息平台的建设和运行维护方面，平台采用先进的硬件设备，软件开发和维护由知名厂商提供，保证服务信息系统的先进性、稳定性和安全性，现阶段参与社区志愿服务的公民多是低龄老年人，这主要是因为他们有时间、精力、经济等条件，但是这也导致很多志愿组织的成员存在热情有余、专业不足的问题。在提供志愿服务的过程中，过度的外行赢得的并不是受众的愉悦和感谢。在信息平台建设过程中，政府机构可以利用自身的庞大资源或是整合资源的权力，为社区志愿组织提供培训，提升其专业化的水平，从而能够大大提升志愿服务的信息化水平[①]，进而带动整个社区志愿服务水平的提高。

① 毕素华．网络治理视野中公民的社区志愿服务参与，理论探讨，2010（6）．

（二）整合零散资源，提高工作效率

社区志愿服务平台是众多服务参与者共享的，社区通过企业帮助自己独立开发维护模式，降低信息化成本；同时，社区志愿服务还享受到了更高级的信息系统支撑，实现了服务水平质的飞跃。社区志愿信息化服务平台一定要拥有广大的用户群，通过努力开展高质量的、居民满意的志愿服务，保证志愿服务平台的访问量。通过信息化平台广泛宣传社区志愿服务活动，通过网络招募社区志愿者，为服务节约工作成本，解决了社区志愿服务资源供需不对称的难题，全面提高了社区的工作效率。社区志愿服务信息化平台以公众需求为核心出发点，将部门为中心的服务模式转变为以公众需求为中心的社区志愿服务模式，打破条块分割，促进社区内部门之间的工作协同以及社区与志愿者组织和其他参与人员的互相合作；将零散的社区服务志愿资源进行整合和重组，改善传统的社区志愿工作模式，从而提高社区志愿服务的服务质量和工作效率。

（三）企业参与其中，服务体现人文情怀

由于部分企业志愿服务参与者通过了社区志愿服务平台的考核，代表其信誉和服务达到了一定的水准，是符合正常标准的，社区居民可放心使用，从而有利于树立企业良好的公众形象，志愿服务信息平台有利于现代服务理念的广泛传播与推广。社区志愿信息化服务平台不仅仅是一个基本信息传播平台，更重要的是它通过信息技术手段将具有人文情怀的服务理念融入社区志愿服务的日常生活中。社区志愿服务的全程网络化处理需要为各类服务制定相应的网络化工作流程，在流程的制定过程中，一方面充分考虑了现有的传统工作流程的优缺点，取其精华，弃其糟粕；另一方面引入了社区志愿服务信息化中先进的服务理念，使服务流程更加科学高效，从而提高社区志愿服务水平。这种方便、快捷、高效的信息平台化操作，既能及时收集服务对象对于服务的反馈，又有利于及时传递我们的服务热情。

第四节　社区志愿服务信息化的形式

※

社区志愿服务信息化的形式主要指社区志愿服务工作具体操作的工具或手段，主要包括网络平台工作的内容、软件开发及应用两大方面。

一、网络平台工作的内容

（一）网络注册与运用

提供社区志愿服务者网站注册服务。参与志愿服务的相关人员首先需要进入社区志愿者网站进行实名注册，社区志愿者可登录网站录入个人基本信息以及擅长服务领域等信息，根据个人服务意愿迅速找到合适的项目或志愿服务活动，点击“我要报名”栏目，等待信息平台进行处理，认证通过后即可参与该社区志愿服务活动。另外，社区居民还可以通过点击“我要求助”栏目，免费发布求助信息，通过社区志愿者后台信息处理流程，将该求助信息转介对接给最直接、最便利的社区志愿服务队伍，满足居民服务需求。社区志愿者网作为社区志愿服务信息管理中心，对社区范围内的志愿服务活动信息进行分类管理，集中发布。

（二）网上录入

社区全部志愿服务相关信息采集实行网上录入，首先要对相关社区志愿服务管理人员进行操作培训，熟悉系统操作方式，进而能够快速地将采集到的基础信息录入系统。一部分信息数据可从已有系统中导入，减轻社区工作者的工作量。当系统中的基本信息较为完整后，可以实现基础信息管理、相关日常服务办理、提供服务便捷查询、统计分析等功能，并且这些数据经过一次采集录入，能多次重复应用，为社区志愿服务提供数据资源，并逐步形成各种基础资源数据库。例如，电子志愿者徽章其实就是志愿者的爱心存储卡，将志愿服务时间等服务内容存入自己的“个人账户”，为今后进行表彰奖励和享有各类优先待遇提供依据，增强志愿者和全社会对志愿服务的认可，鼓励更多人加入志愿者服务行列，是有效推进志愿服务常态化、规范化的重要举措。

（三）服务受理中心

服务受理中心主要受理志愿者的服务申请、分配、评价以及居民的服务求助。包括从网络平台志愿者的服务申请，根据志愿服务类型对志愿服务进行分配，到最后志愿服务完成，收集网络上居民对志愿服务的反馈、评价等整个过程。服务受理中心受理社区居民各种志愿服务请求，统一处理社区居民提交上来的服务申请，及时办结和反馈。

同时，社区志愿服务管理人员对服务受理中心各项事务的办理进行督办，系统提供给社区详细的服务办理查询页面，可以详细看到各事务的受理、办理进度情况及服务每个办理步骤的办理人和办理状态，系统自动根据办理时限对办事人员事务的完成情况进行评级，同时提供办结事项、事务受理统计报表。系统自动对社区的待办事宜进行智能提醒，按照志愿服务工作完成情况，对服务人员给出“红”“黄”“绿”级别的预警显示，“红”色代表需要及时办理，“黄”色代表可以暂缓办理，“绿”色代表时间充裕，提醒服务人员处理未完成的事务。

（四）实行日常志愿服务全程优先网上处理

根据社区志愿服务网络信息平台运行情况，进一步确定社区志愿服务信息化处理，当前处在双轨运行、网在先纸在后、无纸化办理哪个阶段，结合目前志愿服务工作内容优化服务及服务工作流程。网络平台需要设计社区志愿服务网络办公培训课堂，对社区志愿服务人员集中培训系统操作方法，最终实行日常服务的全程优先网上处理。通过在官方微信公众号发布网上操作使用指南，鼓励大家扫描二维码学习使用；印发使用宣传册，派发给志愿者；专门安排工作人员，手把手对志愿者进行现场操作指导，现场教学，面对面答疑；社区志愿服务宣传栏设置使用说明和操作动画。

（五）社区志愿服务网络台账

社区志愿服务台账指社区用于管理、统计日常志愿服务工作的各种文本、文件、资料的统称，实际上就是明细记录表。社区台账功能主要应用于社区日常志愿服务工作，合理使用系统已有的数据，依照社区志愿服务工作的需要，生成电子台账，并提供台账数据下载功能。能够准确、及时地提供统计分析数据，为社区人员提供数据信息并满足社区居民了解志愿服务信息的需求，促进社区服务的完善、服务质量与效率的提高及社区居民的理解，促进社区志愿服务信息化的发展。

（六）及时维护、更新社区志愿服务网站信息

实时更新社区志愿服务网站新闻、概况等信息，完善社区志愿服务信息公开、服务活动、信息栏目等，方便社区居民随时随地了解本社区志愿服务信息，查询相关社区志愿服务和资料信息。优化社区志愿服务网上操作的方法，简化申请、审批流程，做到操作简便、实现一键操作，功能进行整合，引导社区志愿服务管理人员、社区居民、社区志愿者从线下办公过渡到线上办公。

总的来说，社区志愿服务网络平台的建设能整合社区志愿服务资源，优化社区志愿服务功能，提高社区志愿服务的工作效率，降低服务成本，提升社区志愿服务管理和服务水平。

二、软件开发及应用

社区志愿者信息管理客户端（以下简称社区志愿者服务APP）是社区志愿服务网的配套工程，社区居民安装了该软件后，可实现志愿者手机注册、信息查询、活动发布等功能，便于社区居民参与志愿服务活动。参与星级志愿者激励回馈计划的商家也可通过社区志愿者APP定期发布社区志愿活动信息。此外，社区牵头制作并发放电子志愿卡，代替传统的《志愿证》，作为注册社区志愿者参加活动、参与培训、享受商家回馈、乘车优惠以及购买个人保险等的重要载体和凭证，而且电子志愿卡将集成公交乘车卡的所有功能，并使用全国社保信息系统数据生成个人二维码。

（一）开发社区志愿服务信息化手机APP

1. 社区志愿服务 APP 的概念

开发使用社区志愿服务信息管理手机客户端（APP），社区人员及其他参与者通过注册等可加入。发放电子志愿卡，该卡具有公交乘车卡功能，将带有IC卡芯片的电子志愿卡与社区志愿服务信息平台及其配套终端对接，集成身份识别、服务计时、任务分配、信息查询等功能。社区志愿者可通过手机扫描“电子志愿卡”二维码的方式参与志愿服务活动。以“一个平台”基本实现社区志愿者注册、培训、活动登记、时数录入的信息化管理，全面实现对所有社区志愿服务活动信息的“一站式”发布，有效解决社区志愿者管理松散、志愿服务供需信息不对称等问题。

2. 社区志愿服务 APP 内容

通过社区志愿服务APP，社区志愿者不仅可以在地图中查找社区正在开展的志愿服务项目，还可以通过扫描二维码形式，记录社区志愿者志愿服务时长等信息。

操作界面包括活动地图、个人/队伍注册、活动打卡、社区志愿新闻、社区志愿行动等几大部分，首页包括社区志愿者基本信息栏、社区志愿管理者信息栏、社区志愿服务人员先进榜、社区志愿服务活动动态、社区志愿服务新闻、社区志愿服务项目概况、志愿服务交流栏、社区志愿服务管理工作分配表等内容，具体内容可以根据各社区的具体情况进行设置。

针对社区居民普遍关注的志愿服务事项，在社区志愿服务APP广泛征求社区居民、社区志愿管理人员意见以及其他参与者的意见，对接政府职能部门、社工机构、志愿服务团队等为居民提供高质量的志愿服务。选取社区居民生产、生活需求大的项目进行优先服务，委托社区志愿服务团队提供便民服务。

（二）微信、QQ、微博平台的运用

微信、QQ、微博作为具有强大沟通、宣传功能的社交软件，已广泛被运用于人们的日常工作生活中。通过微博、QQ、微信等多种渠道搭建志愿服务信息化平台，实现社区志愿服务项目与居民需求的有效对接，形成社

区志愿服务活动的制度化、常态化。还可以利用微博、QQ、微信等新媒体平台推送各类资讯。充分利用微信、QQ、微博平台等线上方式收集社情民意、听取意见建议，将最新的服务资讯第一时间推送到社区居民手中，增强与居民的交流沟通，扩大线下互动交流的影响力。同时，社区居民可以在平台上在线实时监督社区志愿服务的各项工作和服务。

1. 微信、QQ 志愿服务平台

为联络社区志愿者团体或个人，打造“PC+移动手机端”志愿服务平台，用户只要用手机扫描“志愿**社区”微信二维码（志愿**社区指开通志愿服务微信、QQ二维码的社区的名称），看到“志愿**社区”微信二维码后随即扫描。一分钟完成注册，认领社区志愿者电子卡和电子证书，成为一名光荣的社区志愿者，就可以参与到服务中来。志愿服务微信平台不但能轻松实现志愿者的注册登记，还具备实时报名参与活动、按需匹配志愿服务、积累爱心时长等功能，这一系列功能被称为社区志愿服务O2O模式[①]。O2O服务模式以服务居民为主线，分析新时期社区居民的志愿服务需求、居民志愿服务满意度的信息汇总，迅速、有效地开展社区志愿服务。这种线上志愿活动匹配发布、线下志愿服务交流的方式，让社区志愿服务供需匹配更加精准，社区志愿者与被服务对象之间轻松实现“供需对接”，同时也让更多具有专业技能的社区志愿者能够找到“用武之地”。

2. 社区志愿服务微信、QQ 公众平台

社区志愿服务微信公众平台指通过手机微信的二维码识别功能在网页上登录微信、微信网页版就能实现和社区居民以及志愿者的聊天对话，解决志愿服务中存在的问题，传输有关社区志愿服务的各类资料信息等功能。主要有实时交流、消息发送和素材管理。社区志愿服务管理人员可以对公众账户的粉丝分组管理、实时交流，同时也可以使用高级功能—编辑模式和开发模式对社区居民的志愿服务信息进行自动回复。在社区推出“志愿**社区”微信、QQ公众号，每天定时推送社区志愿服务最新资讯。用手机打开“志愿**社区”微信、QQ公众号，找到公众号活动栏目就可以报名参与社区组织的志愿服务活动。社区居民以及其他人员可以通过查找

① 谭贤 . 社区 O2O[M]. 北京 : 人民邮电出版社 ,2016:3.

微信公众平台账户或者扫一扫二维码关注公众平台。通过社区志愿服务微信、QQ公众号，可以群发社区志愿服务的文字、图片、语音、视频四个类别的内容。

其中利用微信部分高级接口和开放者问答系统包括：语音识别、客服接口、获取社区居民以及其他志愿服务参与者的地理位置、获取社区居民以及其他志愿服务参与者的基本信息、获取关注者列表、社区居民以及其他志愿服务参与者分组接口等内容。

社区志愿服务微信、QQ公众号主要包括志愿活动、志愿资讯、掌上服务三大部分的内容，其他内容可以根据社区志愿服务需要而制定特色内容；志愿活动又包括活动招募、服务亮点、服务项目，志愿资讯包括最新动态、通知公告、志愿风采，掌上服务包括注册登录、服务记录、志愿者证等一些内容，随着社区志愿服务的开展，随时更新公众号内容。

3. 社区志愿服务微信群、QQ 群

社区志愿服务微信群、QQ群是为了方便志愿消息的传播以及与志愿服务相关人员的信息交流而建立，社区志愿服务管理人员通过对志愿服务内容的分类以及志愿服务工作的分配建立志愿服务群，根据服务性质、服务内容、服务工作人员等各类要素建立微信或QQ群，选择担任本次志愿服务的主要负责人担任群主，负责维护群的各项事宜。通过微信群、QQ群可以共享社区志愿服务活动或项目的文字、图片、视频、网址等内容，也可以通过社区志愿服务的分享，及时与志愿服务人员、社区居民交流。

4. QQ 空间、微信朋友圈

社区志愿服务活动可以利用QQ空间书写志愿服务日志、写说说记录志愿服务的点点滴滴，上传社区志愿服务活动的图片，通过多种方式展现社区志愿服务活动。除此之外，根据社区志愿服务活动类型、内容等设定空间的背景、小挂件等，从而使每个社区志愿服务活动空间都有自己的特色，打造自己社区的志愿服务亮点。

通过微信朋友圈记录社区志愿服务的点点滴滴，通过与朋友、家人分享，对社区志愿服务进行宣传，不断壮大志愿服务队伍。

5. 微博平台

微博（Weibo），即微型博客（MicroBlog）的简称，也即是博客的一种，是一种通过关注机制分享简短实时信息的广播式的社交网络平台。微博是一个基于用户关系信息分享、传播以及获取的平台。用户可以通过WEB、WAP等各种客户端组建个人社区，以140字的文字更新信息，并实现即时分享。微博的关注机制分为可单向、可双向两种。微博作为一种分享和交流平台，更注重时效性和随意性，更能表达出每时每刻的思想情感和最新动态。

通过新浪微博等等，宣传社区志愿服务活动或项目，定期发送社区志愿服务活动最新动态，社区发布一条有关志愿服务的信息，所有粉丝能同步看到；宣传社区志愿服务，粉丝还可以一键转发微博，扩大宣传力，实现裂变传播。招募更多的志愿者参与进来。粉丝可以对任何一条微博进行评论，发表自己的感想。

第五节　社区志愿服务信息化中的工作职责

※

社区志愿服务信息化的工作人员主要涉及社区志愿服务专职人员、管理人员以及志愿者，专职人员主要指专门负责社区志愿服务工作的普通工作人员；管理人员主要指负责社区志愿服务管理的社区领导，通常为社区书记、主任；志愿者主要是指自愿参加到社区志愿服务当中的社区居民或高校大学生等志愿人群。他们在社区志愿服务信息化工作中各有不同的职责。

一、社区志愿服务专职人员的工作职责

（一）社区志愿服务信息化的培训

需要对与社区志愿服务相关的人员进行平台操作实务专题培训，培训对象有社区工作者、志愿者、居民等。培训分别从社区志愿者服务网站、手机微信、微博、QQ平台进行系统的讲解，包括志愿者个人注册、团队注册、添加活动、添加新闻动态等，让社区各条线工作人员对于志愿服务工作平台有一个非常清晰的认识，通过功能模块的详细讲解，让大家掌握平台操作的要领。规范志愿者信息管理、志愿团体信息管理、志愿服务项目信息管理、培训信息管理、表彰奖励信息管理、志愿服务时间信息管理、

评价投诉信息管理、志愿服务证书信息管理、审核信息管理方面的内容。

（二）通过信息化平台对志愿者、参与企业进行监督考核

社区志愿服务信息化服务平台通过社区、居民、志愿者共同参与的方式整合现有社区志愿服务资源，由志愿者提供各类志愿服务，服务平台负责对志愿者服务进行考核和监督，规范志愿服务行为、提高志愿服务质量，为社区以及社区居民提供放心服务。此外，社区平台接待专员还会根据社区居民的具体要求，推荐最适合其需要的志愿服务，提供有针对性的志愿服务。

社区志愿信息化服务平台投入运行需要吸引各类企业、单位等参与进来，给予技术或资金上的支持，或者能够申请政府等方面的资助，与企业、单位之间形成互惠互利的关系。服务平台投入运行后，平台接待专员记录每日呼入电话量、每日网站访问量。按照志愿服务要求、紧迫程度等开展志愿服务。

社区志愿服务信息化服务平台对参与企业的实力非常重视，对参与的企业进行多方面考核，主要涉及志愿服务的信誉、质量、规范程度、及时性等方面，考核通过后方能成为志愿服务平台的参与者，从而参与平台提供服务。同时，已经参与的企业并非就可以高枕无忧，还要接受动态监督，对于出现问题且没能通过复核的企业将被取消参与资格。平台的考核机制和监督机制对于规范社区志愿服务行为、为社区居民提供良好服务起到了非常积极的作用，保证了居民从平台获取的服务都是放心服务。

二、社区管理人员在社区志愿服务信息化中的工作职责

（一）弘扬志愿服务精神

社区管理人员作为社区工作的领导，从整体上对志愿服务信息化建设进行领导、规划。在社区倡导“奉献、友爱、互助、进步”的志愿精神，贯彻“服务人民，奉献社区”的宗旨，努力做好社区志愿者的服务工作。梳理社区志愿服务基础数据，把握整合社区志愿服务资源，协调社区志愿服务项目的开展，在辖区内形成一张“爱心网络”，推出“志愿服务爱心地图”，让居民们足不出户便可以享受到便捷的社区志愿服务。

（二）完善社区志愿服务

从畅通社区志愿服务信息发布渠道、加强培训准入标准、建立社区志愿服务骨干队伍、实现志愿服务活动常态化、打造社区志愿服务品牌等方面着手，以点带面，推动社区志愿服务取得进步；认真开展社区志愿者招募注册与审核管理工作，确保社区志愿者、社区志愿服务组织信息真实可靠，使用快捷。扎实推进社区志愿者之间的联系，规范社区志愿者招募注册。

（三）积极听取居民意见

在各大信息服务平台上听取社区居民对志愿服务的意见建议，在调查研究的基础上，确定本社区的社区志愿服务项目，有计划地组织社区志愿者学习和掌握志愿者服务工作信息化的相关技能，以社区居民的需求为出发点，开展各项志愿服务工作。

（四）开展志愿服务信息化活动

指导社区志愿者服务团队策划、组织开展社区志愿服务信息化活动，提升开展大型社区志愿服务活动的能力和水平，加强社区志愿服务信息化的建设。

（五）定期表彰社区志愿服务先进典型

利用社区志愿信息平台建立健全社区志愿者服务资料，定期进行总结；积极在社区推广社区志愿服务精神，努力挖掘社区志愿服务中涌现出的感人事迹和典型个案，做好社区各类志愿者评选表彰推荐上报工作，并在信息平台进行表彰、奖励。加强与各新闻媒体的日常联络和协作，负责本社区志愿者重点工作和重大活动的宣传报道。

三、志愿者在社区志愿服务信息化中的工作职责

（一）学习信息化知识

社区志愿者在网络信息化服务平台及微信、微博等新媒体平台，学习社区志愿服务信息平台的各种操作知识和技能，掌握与社区志愿服务活动相关的软件操作，主动如实注册个人基本信息资料，能在参加社区志愿服务活动时，熟练运用信息化手段开展志愿服务。

（二）展现志愿服务风尚

社区志愿者还要深入街道社区开展示范志愿服务活动，大力弘扬志愿服务文化，搭建拓宽志愿服务平台，掌握社区志愿服务平台相关运用。将线上服务与线下服务相结合，开展扎实有效、丰富多样的志愿服务活动，促进社区志愿者队伍不断发展壮大，志愿精神日益深入人心，志愿服务的热潮在基层蓬勃兴起，逐渐形成一种我为人人、人人为我的良好风尚。

第六章

接触社区及居民

从本章开始就进入社区志愿服务的实务层面。这里按照开展社区工作的一般实施程序进行介绍，首先从接触社区及居民开始，接着是认识社区的主要机构和组织，动员居民参与，规划执行和评估社区志愿服务项目。在社区开展活动的第一个步骤是接触社区及居民。良好的社区志愿服务的关键是建立起志愿者和社区的联系。能否顺利地进入社区并与居民建立起紧密和谐的联系，使他们积极地参与社区工作，是对志愿者的考验和锻炼，也是成功开展志愿服务的基础。而这种介入和关系的建立，要求志愿者必须能熟练掌握和灵活运用多种技巧和方法。本章着重讲述进入社区的准备和步骤，以及与居民建立联系的原则、目的、过程和方法、步骤等。这些实务方法既是专业社会工作者应当掌握的工作方法，也是志愿者应当了解、学习的方法，可以作为志愿者进入社区开展志愿服务时的行动参考。

第一节　进入社区

※

一、进入社区之前的准备[1]

志愿者在进入社区之前必须对自己的工作有基本的了解，主要包括：了解自己所参加的志愿服务机构、了解机构分工和自己的工作内容、认识共同参加服务的其他志愿者。

（一）了解自己所参加的志愿服务机构

目前，大量的社区志愿服务是由一定的志愿组织发动的。志愿组织“广义上是指拥有正式组织形式、不以营利为目的、以志愿参与为特征、以公益产权为基础、主要开展公益性或互益性活动的非政府组织。狭义的志愿服务组织是指依法在民政部门登记注册、专门从事志愿服务的公益性社会团体”。[2]志愿者在社区参加志愿服务时无疑需要了解自己所参加的志愿服务机构，并获得组织的支持，因此，有必要对自己所在的志愿服务机构有一个基本的认识。首先，志愿者要了解机构的理念和宗旨，把握机构的基本立场、倾向性及工作方法。同时还需要了解机构在社区中的主要服

---

① (一)(二)(三)框架，参考全国社会工作者职业水平考试教材编写组编写．社会工作综合能力・中级 [M]. 北京：中国社会出版社 ,2015:218-219.

② 北京志愿服务发展研究会．中国志愿服务大辞典 [M]. 北京：中国大百科全书出版社 ,2014:42.

务对象是哪些人，做出这一选择时主要考虑的因素是什么。其次，志愿者也要了解自己所在志愿服务机构与社区其他组织和团体之间的关系，明确机构在社区的知名度、影响力和声誉如何，以便对机构在社区中的位置有一个较为准确的定位，方便将来在工作中能采取适宜的策略与其他组织打交道。

（二）了解志愿服务组织的机构分工和自己的工作内容

志愿服务机构一般都会对工作人员有一个基本的分工，各自承担相应的职责。志愿者参与志愿服务时，应对志愿服务组织机构人员的分工、职责有基本的了解，了解自己在人员分工中所处的位置，负责哪些方面的工作，主要的工作内容包括什么，自己的职责的权限范围有多大，哪些事务可以自行处理，哪些必须向上级报告或经上级同意之后才能采取行动等。在了解这方面的事情之后，志愿者会对自己分内的工作更加尽职尽责，也知道机构内其他部门在日常事务中可以给自己提供哪些方面的帮助。

（三）认识共同参加志愿服务的其他志愿者

志愿服务通常以团队的形式开展工作，因此必须与其他志愿者相互了解，互通联系方式，建立默契，这样才能在工作上有效沟通，相互支持，形成合作，共同做好相应的服务工作。

二、进入社区的方式①

社区志愿服务的对象是社区及居民，因此志愿者进入社区之初的首要任务是让社区中的居民、团体和组织认识自己，了解自己的角色和职责，接受自己对社区的介入和服务，并与社区居民建立良好的关系。志愿者可以采取以下方式进入社区，让社区认识自己：

（一）由居（村）委会介绍进入社区

居（村）委会是我国城乡普遍设立的基层群众性自治组织，长期服务于广大居民，对居民各方面情况熟悉了解，在居民中具有较强的权威性和认可度，通过居（村）委会介绍，可以较快地进入社区，获得居民的

---

①（三）至（六），参考全国社会工作者职业水平考试教材编写组编写．社会工作综合能力·中级 [M]. 北京：中国社会出版社 ,2015:219-220.

信任。

（二）由上级机关或政府部门介绍进入社区

通过民政、老龄等政府部门或团委、妇联、残联等人民团体出具介绍信或提前与社区沟通，使志愿者的身份得到确认，以获得社区及居民的信任。

（三）积极参与社区重要活动

志愿者要积极参与社区举办的一些娱乐活动，如“老少新春同游”“家庭趣味运动会”等群众广泛参加的活动，便于志愿者在活动中建立起和居民的关系。志愿者也可积极参加社区的传统活动，尽量在这些活动中争取亮相的机会。这类活动居民的参与率通常较高，社区各团体和组织的代表也会出席，是志愿者获得广泛认识的好机会，从而让大家逐渐了解和熟悉自己。

（四）主办社区活动

进入社区之初，为了尽快打开局面，志愿者联合自己所在的机构可主办一些综艺晚会、慰问演出等大型活动，主动邀请居民和其他社区团体参加，让更多的居民有机会接触和了解所在志愿服务机构。在活动的举办过程中，可以穿插机构介绍、人员亮相等环节，这样可以初步树立志愿者形象，主动营造与社区其他成员互动的机会，并借此机会宣传介绍自己和所在机构的服务，为今后进一步深入社区打下基础。

（五）走进居民生活，与居民打成一片

居民对志愿者的抗拒或疏远，一般是由于彼此之间缺乏信任了解、有距离感而产生的。志愿者要建立与居民的关系，就要多在社区内出现，让居民有机会了解和认识自己。志愿者可以经常在社区内走动，尤其应注意在居民聚集的社区公共场所与服务对象交流，如社区广场、花园、健身设施周边等地方，主动与居民打招呼，话家常，拉近与居民的距离。在话家常的同时介绍自己所计划的工作，征询居民们的意见等。这种自然化的交往可降低居民的防卫心理，使志愿者更易于深入社区。

（六）家庭访问

以家庭访问的形式进入社区也是常用且有效的方法。志愿者可以通过家庭访问了解居民情况，选择入户访问的对象，对于居民骨干、潜在的服

务对象等“重点”居民，志愿者可以采取登门拜访的方式，但是要注意访问的方式和礼貌，及时地进行事后的综合分析。

（七）报道社区活动

志愿者也可以定期或不定期地出版工作简报、通讯，或者向社区的报纸、刊物投稿，报道自己机构在社区所开展的活动。在新媒体时代，社区网上论坛、微博、微信等互联网平台都可以被利用起来，及时发布自己机构在社区的动态信息，增进社区居民和其他团体对自己机构的了解。

（八）宣传咨询活动

利用社区服务宣传咨询活动，可以拉近志愿者与居民间的距离。社区志愿者通过运用宣传展牌、散发宣传单、专家及工作者现场解答居民问题等方式，向居民们普及相关知识和政策规定，为他们提供具体的帮助，便于居民及时掌握相关信息；在宣传的过程中还可以同时推介志愿服务计划的相关活动，吸引居民参加。

介入社区、建立关系是社区志愿者的基本功，要有计划、有步骤地逐层展开，并非易事。以上方式都有助于志愿者及其所在机构顺利进入社区，与社区居民建立良好的关系。无论采取何种方式，志愿者都应态度真诚，还要注意调动居民们参与的热情，在获得支持的同时也要有所贡献和回馈，以便与社区的居民、团体和组织建立长期的良性互动关系。

三、认识社区

了解社区一般背景、发现社区问题和需要，既是志愿者介入服务社区的前提，也为志愿者后期设计符合居民需要的志愿服务项目打下了基础。社区分析一般包括四方面内容，即社区的基本情况、社区的生活、社区的需求、社区的资源。

（一）社区的基本情况

社区的基本情况主要有：社区的名称、区位、人口状况、社区内部机构、行政区划与地方政治构架关系。人口状况分一般人口和特殊人口。一般人口是指社区人口总数、素质、结构、分布、自然变动、迁移变动等，特殊人口是指社区中的贫困人口、老年人口、青少年人口、残疾人口、社区矫正人员等。进行人口分析有助于估计不同人群的问题和需要，及时联络他们参与，获得财政和人力支持。社区的历史：分析社区曾发生过的重大事件、社区的习俗、文化遗产等。社区的管理和制度：社区的各项管理制度，与其他组织机构的关系等。

（二）社区生活

包括居民的生活水平和居民的生活方式和人际关系的沟通方式。居民的生活方式有劳动工作方式、消费方式、娱乐方式、休闲方式等。如劳动工作方式是脑力劳动还是体力劳动，劳动时间是自由式还是固定式，如对固定时间上班的居民搞活动应该放在周末或节假日。娱乐方式是打牌下棋还是晨练，休闲方式是聊天带孩子、打麻将还是读书看报、运动锻炼。在现代城市社区，居民的沟通方式缺少，现代的高层建筑封闭式住宅仅有简单的电梯沟通，因此，建立公共空间如广场、小区花园可以成为居民沟通的场所。

（三）社区需要[①]

社区需要是社区分析的核心。人的需要有两大类，第一类是基本需要，即维持基本生活需要的条件，包括衣、食、住、行。第二类是心理需要，包括安全感、合群的需要、归属感、自我发挥的机会等。当一个社区里大部分成员的基本需要和心理需要得不到满足时，便成为社区问题。布雷德肖提出了需求类型论，将居民需要分为“感觉到的需要”“表达了的需要”“标准上的需要”和“比较性的需要”，具体内容可参见本书第九章第二节《社区问题与需求调查》。

（四）社区资源

社区资源可分为社区内部资源和社区外部资源，社区精神资源和社区物质资源。社区内部资源是社区自身拥有的资源，如社区自有的资金、设施、传统、居民素质等。社区外部资源是来自社区外部、对社区服务有所助益的资源，如国家的社会政策、来自社会其他团体的帮助、信息等。社区精神资源是指社区的软件条件，是社区的无形资源，指居民的文化道德素质、社区传统、居民互助精神、居民的参与意识等，社区物质资源是指

① 莫邦豪 . 社区工作原理与实践 [M]. 香港 : 集贤社 ,1994:85-89.

社区的硬件条件，是社区的有形资源，如社区的经济实力、设施条件等。如一些农村社区可能物质资源不发达，但是社区精神资源发达，可以通过评选好媳妇、好家庭、好家长的方式，宣传文明新风。

如何了解社区需要和社区资源？志愿者可以采用街头漫步、文娱活动、家访、拜访社区积极分子、居民大会、特定小组等手法，也可利用问卷调查、个别访谈、召开居民座谈会、考察社区、第二手文献资料分析等手法，发现问题和需要的原因机制及其后果。具体内容可参见本书第九章第二节《社区问题与需求调查》。

目前，一些社区营造成熟的组织机构设计出了简明实用的社区基础信息调研表和居民需求调研表，可供社区志愿者在认识社区时加以借鉴。志愿者也可根据所服务社区的实际情况和服务重点，修订制定新的调研表。

表6-1　社区基础信息调研表[①]

社区：　　　　　　　　　　　　　**小组成员：**

<table>
<tr><td colspan="11">人：社区人口状况</td></tr>
<tr><td rowspan="2">社区内住宅小区</td><td>小区名称</td><td>户数</td><td rowspan="2">人口分布</td><td>未成年人（0–18）</td><td>成年人（18–72）</td><td>老年人（72）</td><td>流动人口</td><td>留守儿童</td><td colspan="2">贫困人口</td></tr>
<tr><td>★</td><td>★</td><td>★</td><td>★</td><td>★</td><td></td><td></td><td colspan="2"></td></tr>
<tr><td>合计</td><td>★</td><td>★</td><td>合计</td><td>★</td><td>★</td><td>★</td><td></td><td></td><td colspan="2"></td></tr>
<tr><td colspan="11">文：社区文化</td></tr>
<tr><td rowspan="2">传统民俗</td><td>名称</td><td>传承人</td><td rowspan="2">历史故事</td><td>名称</td><td>讲述者</td><td rowspan="2">文化景区</td><td>名称</td><td>简介</td><td rowspan="2">社区名人</td><td>名称</td></tr>
<tr><td>★</td><td></td><td>★</td><td></td><td></td><td></td><td>★</td></tr>
<tr><td colspan="11">地：社区硬件设施</td></tr>
<tr><td rowspan="2">社区内住宅小区</td><td>小区名称</td><td>占地面积</td><td>地上建筑面积</td><td>地下建筑面积</td><td>配套用房面积</td><td>容积率</td><td rowspan="2">社区内辖公共服务</td><td>单位名称</td><td>占地面积</td><td>建筑面积</td></tr>
<tr><td>★</td><td>★</td><td>★</td><td>★</td><td>★</td><td>★</td><td>★</td><td>★</td><td>★</td></tr>
<tr><td>合计</td><td></td><td></td><td></td><td></td><td></td><td></td><td>合计</td><td></td><td></td><td></td></tr>
<tr><td colspan="11">备注：社区内所辖公共服务单位——各政府部门、幼儿园、学校、医院等</td></tr>
</table>

① 中国社区营造案例集（二）社区营造工具包 [R]. 成都：全民社造实践平台，成都社造家文化传播有限公司，2019:49.

（续表）

产：社区经济及商业

社区经济	单位名称	类型	规模
	★		

备注：社区经济——大到央企、国企、大中小型企业、商场，小到洗衣店、便利店、居民自我造血的自组织等

景：社区内公共空间及景观

住宅小区配套用房	小区名称	配套用房1名称	配套用房2名称	配套用房3名称	景观广场	名称	活动广场	名称	宣传设施	名称
	★	★	★	★		★		★		★

社区治理情况

所辖小区	物业									
	小区名称	有/无	物业公司名称	物业服务等级	物业费（元/年）	费用收缴率	居民满意度	运转情况（好/中/差）		
	★	★	★	★	★					

小区名称	业委会					居委会				
	有/无	人数	正常履职人数	业主满意度	运转情况（好/中/差）	名称	所提供服务	居民认知度	居民满意度	运转情况（好/中/差）
★	★	★	★		★	★	★			★

小区名称	社会组织和居民自组织									
	支持型社会组织	名称	组织人数	服务对象	主要功能	专项型社会组织	名称	服务对象	活动频次	运转情况（好/中/差）
★		★	★	★	★		★	★	★	★

小区名称	社区基金会	名称	法人	支持项目	社会团体	名称	法人	民办非企业单位	名称	法人
★		★				★			★	

此表格由南京互助社区发展中心编制

表6-2 居民需求调研表[①]

居民需求调研表
A00.社区：
您好！欢迎您参加社区需求情况问卷调查。为了能够为社区居民提供更优质的服务，我们希望了解您的喜好以及对各项服务和活动的需求情况。请您仔细填写此问卷（文字填写或在您所选项目“□”内打“√”）我们将根据大家的提议和需求，打造高品质、高参与、高影响的精品活动，提供更贴心更细致更便民的优质服务。切实丰富广大居民的业余生活，构建和谐健康的社区氛围。
A01.姓名： A02.性别： A03.年龄：
A04.联系电话： A05.小区： A06.栋号：
B01.您的家庭成员们都有哪些特长爱好？
B02.您经常和邻居相互走动吗？对周围邻里熟悉吗？（单选）
1.经常走动，非常熟悉□ 2.偶尔来往，只是脸熟□ 3.少有交流，都不认识□
B03.是否愿意和有同样爱好的邻居成立俱乐部：1.是 □ 2.否□
B04.您的家庭成员能够经常性坚持参加的体育活动项目有：（可多选）
1.篮球□ 2.排球□ 3.足球□ 4.网球□ 5. 羽毛球□ 6. 乒乓□ 7.骑车□ 8.健身□ 9.游泳□ 10.钓鱼□ 11.踢毽□ 12.其他：
B5.您的家庭成员喜爱的文艺娱乐项目有：（可多选）
1.书画□ 2.诗歌□ 3.唱歌□ 4.舞蹈□ 5.形体□ 6.器乐□ 7.曲艺□ 8.戏剧□ 9.摄影□ 10.收藏□ 11.读书□ 12.电影 □ 13.自驾游□ 14.其他：
B6.您的家庭成员喜欢参加的公益活动项目有：（可多选）
1.社区服务□ 2.环境保护□ 3.知识传播□ 4.公共福利 □ 5.社会援助□ 6.社会治安□ 7.青年服务□ 8.慈善捐助□ 9.社团活动□ 10.专业服务□ 11.其他□
B7.您希望参与活动能达到哪些效果？（可多选）
1.丰富生活□ 2.提升技能 □ 3.兴趣爱好 □ 4.扩充交友面 □ 5.提高自身知名度□ 6.增进与亲人的感情□ 7.其他：
B8.您希望社区在什么时间举办活动？（可多选）
1.节假日□ 2.周末 □ 3.任意时间段 □ 4.工作日的晚间 □ 5.其他
B9.您是否愿意为活动做志愿者：1.是□ 2.否 □

① 中国社区营造案例集（二）社区营造工具包 [R]. 成都：全民社造实践平台，成都社造家文化传播有限公司，2019:50.

（续表）

居民需求调研表
B10.您希望社区内能为少幼群体增添哪些活动？
B11.您希望社区内能为中青年群体增添哪些活动？
B12.您希望社区内能为老年群体增添哪些活动？
B13.您利用过社区提供的哪些设施或场所？并希望增添哪些呢？
B14.您平时休闲时间都常进行哪些活动？
B15.您的感言及建议：（可写于背面或另附纸）

第二节　与社区居民接触[①]

※

居民是社区志愿者的资源，也是社区志愿服务的落脚点。居民是志愿服务的受益群体，又是开展志愿服务的依靠对象。接触居民可以是正式的，也可以是非正式的；可以是一对一的，也可以是集体的；与居民的接触可以通过对话、访问、电话交流、电子媒介等不同形式进行。

一、接触的动机

志愿者接触居民的目的不外乎两方面，首先是增加对居民和社区的了解，便于制定计划、开展工作；其次是建立关系，提高居民对志愿服务的参与热情，协助志愿者开展工作。学者胡文龙将这种接触又分为两种：探索性接触（explorative contact）和招揽性接触（recruiting contact）。

（一）探索性接触

即了解社区成员的所思、所想、生活的环境、对事物的感受和看法、他们的社交方式、状态和人际网络等等。通过志愿者的亲身感受，去界定社区问题和需要，寻找社区志愿服务的方向。同时，让居民了解社区志愿

① 徐永祥主编．社区工作 [M]. 北京：高等教育出版社 ,2004:182-185.

者的角色、任务，使居民进一步接纳和认同志愿者，为日后彼此间建立信任合作的关系打下基础。

（二）招揽性接触

社区志愿服务的开展离不开居民的参与和支持，因此能否运用技巧和情感“招揽”居民、吸引居民，使居民主动进入工作内容之中，推动居民参与社区组织或社区事务，而非“置身度外”，便显得相当重要。使居民们由冷漠、无奈转变为热情与投入，进而获得自我提升，这是志愿者的目标和任务，所以这种招揽性的接触，不仅有任务性的价值，还有教育性和发展性的功能。

二、接触的原则

志愿者与居民接触中需要遵守一些原则，其中志愿者的态度和行为表现十分关键。

接触居民的基本原则有两点：

（一）态度要热诚、认真、开放，保持有力量的状态

志愿者要用人格魅力去影响和感染居民，以真诚、热情、认真而开放的态度，与居民进行良好而顺畅的沟通；注意用心去聆听居民的想法，与居民接触时可以运用相关的肢体语言，用自己的目光、语言信息，排除与居民交流中的障碍。

（二）运用互动、双向沟通、激发思考的过程，引导社区民众思索、讨论及分析集体解决问题的可行性

志愿者要运用互动过程，通过提出有深度的问题，让居民自己面对这个处境，并在尝试给出自己的答案时，能深刻地反省自己的位置和问题的成因，进一步“看到”自己不同的选择和行动带来的不同效果，以便有机会再选择和再行动。因为提问可以给居民机会来思索、讨论和分析解决问题的可行性，感受到自己的智慧。

在行动中要做到以下几点：

（一）不要错过任何可以接触居民的机会

如在举办社区文化体育活动的过程中，就可以征求居民的意见和需求。在与居民进行接触时，要致力于了解对方如何看待事物及对方的兴趣所在。

（二）要考虑给居民的第一印象及永久印象

在穿着方面，我们如何穿着，事实上表达了我们自己的某些想法，别人可以从衣着形成对我们的某些假设，所以我们必须考虑衣着反映在其他人身上的感受。

在守时方面，遵守约定见面的时间最重要。假如我们在第一次约会就迟到，别人可以在我们还没有开始接触之前就打下印象分数。之后，对于我们所说的话，也就不会太在意。

在诚实方面，假如你无法做到，千万不要为了面子而轻易承诺。唯有诚实可靠，才值得社区成员信赖。

（三）学习如何去倾听与观察

倾听，不仅仅注意听取某些人实际上说些什么，而且要去了解这些话背后可能隐含什么意思，人们是否只说他们认为你想听的话。倾听时，不只是用耳听，还要不时插话，引导对方进入我们的话题。观察就是要留意居民的生活方式，留意居民的住房、家居环境、交往方式、对参与社区事务的积极性、对志愿服务的态度是接纳还是排斥等等。

（四）创造机会以建立个人的接触

最好经常在社区周围走走，主动找机会与居民聊聊天，了解社区的面貌及居民的想法。

（五）为了“获得”，我们必先“给予”

要想把自己的理念、想法推销出去，必须先让对方认识你、了解你，而不是急于提出一连串的要求和问题，只有先奉献，才能引导居民对社区的认同感。

（六）切勿轻信人们所说的每一件事

第一次接触，必须先听其言，再观其行，不要轻易相信人们所说的每一件事情。有时，人们因为某种压力或维护自身利益，可能避免说出真话。

三、接触的过程

（一）事前准备

1. 考虑清楚接触的目标和出发点

与居民接触是为了收集资料、增进了解、建立关系、提供帮助还是树立形象？访问对象需要什么样的志愿者，是亲切的、资源丰富的还是容易相处的？无论如何，开始接触居民之前，必须有清晰而具体的目的，作为后续接触行动的指针。目标明确才便于日后更好地与居民接触。

2. 选择建立联系的对象，确定接触的对象

志愿者需要根据访问的目标选择合适的受访对象，如以前接触过的居民，受事件影响的有关人士或属于特定利益群体的成员，并且要依照重要性与急迫性排出先后次序。既不要有遗漏，也无须与一些不必要交谈的人浪费时间。

3. 选择确定合适的访问时间

应事先通过电话或适当方式跟对方敲定见面的时间，同时注意到当地社区居民的生活习惯与作息时间。目的不同、对象不同，选择的访问时间也应有所区别，如家庭主妇与职业女性在空闲时间上就应有很大分别，有宗教信仰的人也要避开礼拜的时间进行访问等，同时要留心尽量避开重要的节日、假期，做饭时间、午休时间等。

4. 准备话题，引导访问的开始

如提前了解访问对象的需要和禁忌，可直接谈论对方的兴趣或展现志愿者的吸引力，促使其继续对志愿者发生兴趣。可以列出访问提纲，注意对相关对象禁忌或敏感话题的回避。

5. 穿着得体

要留意参考被访者的文化背景，包括对人和事所持的价值观，自己希望在对方心目中留下什么印象。初次访问不能与访问对象有太大的距离，但也不能穿着太随意，拖鞋、吊带背心、学生装等都不适宜，工作者应呈现出一个整洁、大方、成熟可信的形象。也可穿着志愿组织机构的统一服装，增强居民的信任感。

6. 预想可能会遇到的问题和克服困难的方法，以免临场阵脚大乱

事先做一些预演或与旁人讨论设想一下可能出现的情境，以使自己保持冷静、自信、不受对方影响以免破坏自己的情绪，可以很好地掌控全程。

7. 对前往访问的场所环境有所了解，要做好准备

进行访问的环境可根据被访者对谈话内容的态度来确定，可以在居民家中、街心公园、餐厅、路边、机构内等场所进行，但是要注意避开那些嘈杂混乱的环境。进入社区可能有一些危险。例如：老旧社区可能路况欠佳、灯光不足；大楼社区可能门禁管制，重重关卡；偏远社区可能有野狗出没，路标不清。因此，必须事前了解情况，找人带路或者结伴而行，并且随身携带手电筒、木棍、哨子，以备不时之需。

（二）与居民接触

对于第一次接触的居民，志愿者首先要设法建立信任关系和引起谈话兴趣，所以要分层次地展开。主要进程包括：

1. 介绍自己

刚开始与居民接触，志愿者要准备一两段开场白。志愿者应根据不同的情况和对象，采取不同的自我介绍方式：可说明自己是由与访问对象熟识的人士介绍而来的，例如，居民的朋友、当地社区主任、楼栋长、邻居等；可用自己和访问对象都熟悉或有好感的活动作为谈话线索介绍自己，如上周举行的综艺晚会、前天的社区会演是自己策划；对于那些对自己抱不信任态度的群众可适时出示证件，以打消其顾虑；赠送一些物品或宣传单让其收存，加强对志愿者的信任和好感；志愿者态度要热情、诚恳，面带笑容，并清晰地介绍访问的目的，表达对被访者的关心；在交流的过程中主要使用街坊的语言，避免运用大量的专业术语，说话通俗易懂，让居民容易接受和领悟。

2. 展开话题

在获得群众接纳或不拒绝的情况下，志愿者要抓住时机，继续交谈，使内容逐步转向正题。可以观察居民家庭生活，从居民家居生活环境入手，也可从居民最感兴趣或最关心的话题入手打开话题，慢慢过渡到正题。志愿者在交谈中要注意避开一些敏感的话题，从普通、容易回答的问题提问，也可运用周围正在发生的事情来展开话题，话题要从简单到复杂、由具体到一般再到抽象、由感性到理性、由浅入深。在会谈过程中，不要只顾着提出问题，要注意用心聆听居民的意见和反映，给予积极及时的回应。对居民的表现多表达赞赏和鼓励。还可以通过自我披露的方式，寻找与居民之间的共通点，拉近与居民之间的距离。

3. 维持谈话

为了减少访问对象的疑虑并使其精神放松，应尽早根据谈话的目标，继续谈话。此时谈话的方式也应从封闭式转为开放式，尽可能地摸索出居民的真实感受。志愿者要用心聆听，积极主动地了解和理解、提问、测试对象，体谅、周到地关心访问对象本人及相关的情况，令其感到温暖，但注意不要询问太过隐私或对方禁忌的内容。

（三）结束对话与访问

初次接触时间不要太长，除非他有特殊的个人问题需要及时和深入了解。结束访问时，要真诚感谢对方接受访问。临别留下进一步联系的方式和机构的宣传介绍材料，鼓励居民主动联络志愿者。肯定、小结个人及任务目标完成的情况。

（四）接触以后

1. 记录主要资料

好记性不如烂笔头，志愿者在离开被访者后需要记下有关资料：有用的信息及数字、被访者的背景、谈话留下的印象、受访者的反应、热心程度、是否容易被调动、他的人际网络情况等。

2. 总结

志愿者需要总结此次目标达成的情况、自己对访问对象的感受、评估访问对象以前和现在有什么不同、自己有什么做得不妥之处和遗漏的地方、是否有补救的余地等。

总之，与居民接触是做好社区工作的第一步，志愿者要以高度的热情投入自己的工作中，真正地用心去了解他们的需要和心声，熟悉他们的喜怒哀乐和心理特征，将爱与关怀传递给被访者，这比技巧和方法更重要。

在社区工作中，志愿者初次进入社区，并与居民接触是一个重要的过程。如果能够顺利地进入社区，并与社区尤其是居民群众建立良好的联系，对以后社区志愿服务的开展有着至关重要的作用。以下的小贴士虽然是有关社会工作者介入社区的实务妙招，但对志愿者进入社区也同样具有借鉴意义。

小贴士

切入社区12招——社工如何进入社区，了解居民需要[①]

1.社区漫步。于不同时段在社区中踱步，一方面，可了解社区的环境和面貌，如街市、公园、球场、购物中心、企业等，另一方面，也可观察居民的生活情况。

2.实地研习、考察。考察有参与其中的含义，如与居民及组群闲聊，又或者利用调查问卷等具体了解目标社群。在观察过程中，社工应展现亲切的态度，保持微笑的面容。

3.拜访。拜访社区领袖、居民组织或相关部门，如街道办、社区工作站、老年协会、老年大学、居委会、物业管理处等，了解其生活、运作模式，并建立初步关系，以便日后与他们进行合作。

4.社区服务机构。观察、了解社区里的服务机构，弄清它们的分布情况，如街道办事处、派出所、学校、医院、卫生中心、部队、家庭服务中心等。

5.社区“气象站”。从观察中留意、确定社区内居民非正式的聚集地，这里通常是居民讨论社区情况或“八卦”的场所。这是收集居民生活信息的有效平台。

6.活动、服务、方案。尝试参与该社区内不同组织筹办的活动或服务。

7.街站、街头小聚、游戏站。都可以是社工主动与居民建立接触的方法和途径。

8.特定工作组、项目。社工可主动向社区各专职干部了解与社会工作有密切关系的项目，并要求参与和提供协助。

① 香港社会服务发展研究中心．社区社会工作实务手册[M]. 广州：中山大学出版社,2013:32-36.

9.特殊事件介入。如邻里冲突、自杀事件、交通意外、卫生问题等，社工要懂得把握时机做有效介入，不仅能协助居民解决问题，也容易得到居民的认同，建立信任关系。

10.家访。家访的重点不单纯在于个别介入，而应该是为了通过不同的家访，了解居民或特别群体的实际生活面貌，整合出集体的需要。

11.社区调查。

12.资料搜集。无论是政府还是其他社会机构所拥有的统计、报告书、互联网信息、区报、图书等，都是经过整理的社区资料，可以更深入地了解社区的历史文化背景与现实状况。

第七章

认识社区主要组织和机构

社区是当前中国社会的基本结构单元，是社会工作和志愿服务的重要工作场域。志愿者进入社区后，需要了解经常接触到的各类社区组织和机构。在社区存在的各类机构主要有：城市地区的街道办事处、居民委员会，农村地区的乡镇政府、村民委员会，社区工作站、社区服务中心、社区社会组织、物业管理公司、业主委员会等多种组织和机构。本章将介绍社区的主要组织和机构的内涵、性质、发展过程及主要职能等，使社区志愿者了解社区常见组织和机构的基本知识，以便更好地开展社区志愿服务。

第一节　街道办事处和社区居委会

※

志愿者在城市地区开展社区志愿服务，接触到的社区管理组织主要有街道办事处、居民委员会，特别是居民委员会。街道办事处作为市或区人民政府的派出机关，承担着城市的基层行政管理和社会管理职能，在社区建设和社区治理中发挥着重要作用。社区居民委员会作为基层群众性自治组织，是社区居民与政府联系的桥梁与纽带，承担着居民自治、社区服务、协助政务等多项职能，与街道办事处共同作为城市基层组织，发挥着维护社会稳定、服务居民群众、动员居民参与的社区治理功能。

一、街道办事处的概念与性质

（一）街道办事处的确立和发展

街道办事处的发展起源于新中国初期。新中国成立后，中央人民政府废除了旧中国的保甲制度。1954年12月31日，第一届全国人大常委会第四次会议通过《城市街道办事处组织条例》，以法律形式统一并确定了城市街道办事处的性质和任务。《条例》颁布实施后，1955年，全国各城市普遍建立了街道办事处。

街道办事处发展初期如火如荼，但50年代末60年代初的“大跃进”和人民公社运动，政府着手建立政社合一的人民公社组织，街道办事处进而转变为人民公社。直至1962年，街道办事处才再次恢复其作为城市基层政府的派出机关的职能。

1979年7月1日，第五届全国人民代表大会第二次会议通过的《中华人民共和国地方各级人民代表大会和地方各级人民政府组织法》重新规定了街道办事处的性质，街道办事处恢复了原有职能。街道办事处进入快速发展时期，“截至2017年底，全国街道办事处已达8241个”[①]。

据2015年8月29日修订的《中华人民共和国地方各级人民代表大会和地方各级人民政府组织法》第六十八条规定：市辖区、不设区的市的人民政府，经上一级人民政府批准，可以设立若干个街道办事处，作为它的派出机关。

随着我国社会主义市场经济的发展，街道办事处的工作面临越来越多的挑战：首先，街道办事处运作缺少法律依据。在“两级政府、三级管理、四级网络”体制下，街道办事处被赋予相当于一级政府的管理职责，它与区政府几乎所有部门都存在对接关系，远远超出了派出机关的职能范围和承载能力。其次，街道办事处普遍存在“责大权小”问题。街道办事处不具备独立的行政执法资格，重要的管理资源和执法权力仍由“条条”掌控。[②]再者，“街居制”管理与居委会的法定地位存在矛盾。在“街居制”下，街道承担着区级交办的大量行政事务。同时，街道办事处还将自己承担的很多职责转手推给居委会。居委会实际上变成了街道办事处的“腿”，其法律地位被悬空，难以切实保障居民自治权利。[③]

由于1954年《城市街道办事处组织条例》主体内容已经滞后于时代发展，2009年6月27日，第十一届全国人民代表大会常务委员会第九次会议通过《全国人民代表大会常务委员会关于废止部分法律的决定》，决定废止《城市街道办事处组织条例》。一些地方如南京市淮海路街道、北京市鲁谷社区、青岛浮山后社区、安徽省铜陵市先后开展了撤销街道体制改革试

① 民政部 .2017 年社会服务发展统计公报 [EB/OL].http://www.mca.gov.cn/article/sj/tjgb/201808/20180800010446.shtml,2018-08-02.

② 唐忠新 . 中国城市社区建设概论 [M]. 天津：天津人民出版社 ,2000:197-200.

③ 杨宏山 . 街道办事处改革：问题、路向及制度条件 [J]. 南京社会科学 ,2012(4).

点，但是，多数城市特别是大城市仍然存在街道办事处这一组织设置。

（二）街道办事处的性质和职能

1. 街道办事处的性质

街道办事处是基层政府的派出机关，但在法律上并不是一级政府。由于目前《城市街道办事处组织条例》已经废止，因此，根据《宪法》以及一些城市自行制定的街道办事处条例的规定说明街道办事处的性质。2004年《中华人民共和国地方各级人民代表大会和地方各级人民政府组织法》第六十八条规定："市辖区、不设区的市的人民政府，经上一级人民政府批准，可以设立若干街道办事处，作为它的派出机关。"2016年修订的《上海市街道办事处条例》规定："街道办事处是市辖区人民政府或不设区的市人民政府的派出机关，受市辖区人民政府或不设区的市人民政府领导，行使市辖区或不设区的市人民政府赋予的职权。"因此，就街道办事处的法律地位而言，它是市辖区人民政府或不设区的市人民政府的派出机关，而不是一级政府。就实际职能而言，街道办事处作为区政府的派出机关是城市社会最基层的管理机构，又履行着大量政府管理职能，所以，人们通常把它定位于城市基层政府，但事实上，与同级的乡（镇）政府相比，城市街道办事处在法律上并不是一级完备的政府组织。

2. 街道办事处的职能

街道办事处在街道区域内直接代表派出人民政府，具体办理人民政府交办的相关事宜。

按照1954年《城市街道办事处组织条例》规定，街道办事处的职责只有三个：办理市、市辖区的人民委员会有关居民工作的交办事项；指导居民委员会的工作；反映居民的意见和要求。但是，随着改革开放以来政府职能的不断扩大、城市基层社会的管理事务不断增长，街道办事处履行的职能越来越广泛，街道办事处直接代表人民政府（市辖区人民政府或不设区的市人民政府），具体办理人民政府交办的相关事宜也越来越多。街道实际承担的职责一般包括城市管理、社会管理、社区建设、经济发展四方面职能。一些地方在街道管理体制改革中，已经弱化了街道的经济发展职能。

根据2016年《上海市街道办事处条例》的规定，街道办事处以辖区内的公共服务、公共管理、公共安全为工作重点，履行下列主要职能：

（1）统筹落实社区发展的重大决策和社区建设规划，参与辖区公共服务设施建设规划编制，推动辖区健康、有序、可持续发展；

（2）组织实施与居民生活密切相关的卫生、文化体育、社区教育、为老服务等社区公共服务，落实人力资源和社会保障、民政、计划生育等领域的相关政策；

（3）综合协调辖区内的城市管理、人口管理、社会管理、安全管理、住宅小区管理等地区性、综合性工作；

（4）组织开展对辖区内各类专业执法工作的群众监督和社会监督；

（5）动员各类社会力量参与社区治理，整合辖区内社会力量为社区发展服务，推动社区公益慈善事业发展；

（6）指导居民委员会等基层群众性自治组织建设，健全自治平台，组织社区居民和单位参与社区建设和管理；

（7）承担辖区社会治安综合治理有关工作，反映社情民意，化解矛盾纠纷，维护社区平安；

（8）法律、法规、规章规定和区人民政府交办的其他事项。可见，街道办事处职能涉及社区发展决策与规划、社区公共服务设施与实施、城市综合管理、社会参与、公益慈善、居民自治、社会治安综合治理等多方面内容。

二、社区居民委员会的概念与性质

（一）社区居民委员会的由来与发展

居民委员会是伴随着新中国成立而发展起来的。新中国成立后，一些城市出现了自己组织起来的防护队、防盗队、居民小组等名称多样的群众性自治组织。1949年10月23日，杭州市上城区上羊市街居民委员会成立，是新中国成立后的第一个居民委员会。1953年《关于街道办事处、居民委员会组织和经费问题的报告》规定了居民委员会的性质，它是群众性自治组织，不是政权组织，它在城市基层政权或其他派出机关的统一指导下进行工作。1954年颁布实施的《城市居民委员会组织条例》又以法律的形式指明了居委会的性质、地位等。至此，居民委员会的建设工作逐步发展。但是，“大跃进”、人民公社运动和“文化大革命”时期，居委会的发展受到了冲击。在此期间，居委会变成了人民公社的一部分，其自治组织的性质和功能逐渐萎缩和破坏。“文化大革命”结束，居委会的工作才逐步得到恢复。1980年1月，全国人大重新颁布实施《城市居民委员会组织条例》，居民委员会的工作得到了一定的恢复。1982年12月全国人大颁布实施的《宪法》第111条，规定了居民委员会的性质和任务。全国各地根据宪法规定，在民政部门的指导下，对居民委员会进行了整顿与改造。

根据1989年颁布的《中华人民共和国城市居民委员会组织法》第二条规定：“居民委员会是居民自我管理、自我教育、自我服务的基层群众性自治组织。不设区的市、市辖区的人民政府或者它的派出机关对居民委员会的工作给予指导、支持和帮助。居民委员会协助不设区的市、市辖区的人民政府或者它的派出机关开展工作。”《中华人民共和国城市居民委员会组织法》的颁布实施，标志着居委会的建设工作具备了较为完备的法律依据，其发展也进入了一个新阶段。

90年代以后，北京、天津、上海等城市都进行了社区管理体制改革，上海市于1995年首先提出并试行“两级政府、三级管理”的城市管理新体制改革，随着改革的推进，这些城市逐渐形成以“重心下移，立足基层”为改革思路，以建立完善“两级政府、三级管理、四级落实”为改革内容，以“事权下放”为改革重点的模式。2000年11月，《民政部关于在全国推进城市社区建设的意见》明确规定：“社区居民委员会的成员经民主选举产生，负责社区日常事务的管理。社区居民委员会的根本性质是党领导下的社区居民实行自我管理、自我教育、自我服务、自我监督的群众性自治组织。”自此，社区建设在全国各城市普遍推行开来。但是居民委员会在实际运作中并非如此，“居民委员会的自治功能并未强化而是弱化了，事实上成为街道办事处的下级组织，变成准政府的行政机构，变成集行政职能、社会职能与市场（服务）职能为一体的功能混淆的基层组织。”①但是，并不能否认居委会在社区建设中发挥的作用，居委会在维护

① 徐永祥 . 社区发展论 [M]. 上海 : 华东理工大学出版社 ,2001:251.

居民切身利益，承办政府委托的事项，协助建立社区服务机构和设施等方面发挥了重要作用。

（二）社区居委会的性质和特点

1. 社区居委会的性质是居民自我管理、自我教育、自我服务的基层群众性自治组织

1954年颁布实施的《城市居民委员会组织条例》规定："居民委员会是群众自治性的居民组织。"《中华人民共和国宪法》第一百一十一条也对其做了规定："城市和农村按居民居住地区设立的居民委员会或者村民委员会是基层群众性自治组织。"1989年全国人大通过的《中华人民共和国城市居民委员会组织法》明确规定："居民委员会是居民自我管理、自我教育、自我服务的基层群众性自治组织。"由上述法律文件可知，社区居民委员会是具有中国特色的基层群众性自治组织。

2. 社区居委会具有以下特点①

（1）群众性。社区居委会既不是一级政权组织，也不是基层政府的派出机构，社区居委会是一个群众性组织。居住在某一地区的居民，不分民族、种族、性别、职业、家庭出身、宗教信仰、教育程度、财产状况、居住期限，都有责任和义务参加居委会组织。居民委员会主任、副主任和委员，不能由政府任命，只能由居民选举产生。

（2）自治性。指在国家法律规定和政策规定的范围内，在基层党组织的领导和基层人民政府及其派出机关的指导下拥有一定的自主权和自决权，实行居民自我管理、自我教育、自我服务。居委会形成的决定、决议，虽具有一定的约束力，但不具备国家强制性，主要依靠广大居民的自觉认同以及说服、教育、批评、帮助和公众舆论监督来执行。

（3）基层性。指居委会是设立在国家最低一级行政区划之下的社会组织，亦即城市（镇）基层政权组织指导之下的社会组织，是直接由广大居民所构成的组织。

（4）地域性。居委会是地域性的社会组织，是根据居民居住状况、人口多少，按照便于群众自治原则设立的。一般以里弄、居民小区为单位设

---

① 唐忠新 . 现代城市社区建设概论 [M]. 上海 : 上海交通大学出版社 ,2008:144-145.

置，同一居委会组织的成员（各住户）之间一般都具有邻里、街坊关系，都是因为居住较近才成为同一居委会组织的成员。

（5）广泛性。表现在两个方面：一方面，它是我国广大城市（镇）最为普遍的社会组织，遍及所有的城市（镇）社区，另一方面，居委会组织涵盖了几乎所有的居民住户，是由一定区域内的全部居民构成的社会组织，而不像其他组织那样对其成员有性别、年龄、职业或其他社会属性的限制。

三、街道办事处和社区居委会的关系

（一）街道办事处与社区居委会的法律关系

在理论与法律上，街道办事处与社区居委会是指导与被指导的关系。根据《城市居民委员会组织法》第二条规定："不设区的市、市辖区的人民政府或者它的派出机关对居民委员会的工作给予指导、支持和帮助。居民委员会协助不设区的市、市辖区的人民政府或者它的派出机关开展工作。"由此可见，两者是指导、支持和帮助的关系，而不是领导与被领导的关系。

（二）街道办事处与社区居委会的实际关系

在现实的实施运作中，街道办事处与社区居委会处于领导与被领导的关系中。按照《城市居民委员会组织法》的规定，居民委员会是基层群众性自治组织，但同时又具有协助政务的义务，使得在实际运作中，政府常常支配着居民委员会的工作，将许多应该由其承担的行政职能推给了作为群众性自治组织的居民委员会，同时，街道办事处还承担了应由非政府组织承担的职能，尤其是对社区自治的微观事务管理过多。街道不仅直接包揽了过多的社会自治事务，而且把社区自治组织作为自己的附属单位或下属单位，通过对人员配置、经费来源的控制，直接干预这些组织的自主权利。①

《城市居民委员会组织法》对居委会任务的抽象规定，使得它的具体

① 饶常林，常健．我国城市街道办事处管理体制变迁与制度完善 [J]. 中国行政管理，2011(2).

内涵有了更多的解释空间。制度文本的模糊为居民委员会在制度实践中的性质偏离埋下了伏笔。而在全能型政府的调控模式下，居民委员会逐渐失去了其“自治性”，而逐渐演变为街道办事处的“一条腿”。[1]显然，现实运作与理论和法律规定之间出现了错位。

① 何艳玲 . 都市街区中的国家与社会：乐街调查 [M]. 北京 : 社会科学文献出版社 ,2007:122.

第二节　乡镇政府和村民委员会

※

志愿者进入农村地区开展志愿服务，接触到的基层行政管理组织主要有乡镇政府及村民委员会，尤其是村民委员会。了解它们的概念、性质及职能，处理好与镇村组织的关系，对于开展农村社区志愿服务具有重要意义。

一、乡镇政府的概念、性质与职能

（一）乡镇政府的概念

乡镇政府是乡镇人民政府的简称，是乡镇国家权力机关的执行机关，是乡镇政权组织的主要组成部分。乡镇政权一般由乡镇人民代表大会、乡镇人民政府和党的基层组织构成。按照法律规定，乡镇长、副乡镇长是由乡镇人民代表大会选举产生的、设在农村的基层行政组织。根据《中华人民共和国宪法》第一百零七条规定“乡、民族乡、镇的人民政府执行本级人民代表大会的决议和上级国家行政机关的决定和命令，管理本行政区域内的行政工作。”乡镇政府是国家设置的一种行政建制，是我国农村最基层的行政机构，是我国国家行政体系中最低的一级，在农村乃至整个国家经济社会发展中发挥着基础性作用，它上连“国家”，下接乡村社会，是党和政府联系农民的直接纽带，代表国家对农村社会进行直接治理。另外，《宪法》也规定，乡镇政府实行乡镇长负责制。

（二）乡镇政府的性质

乡镇政府的性质不同于城市街道办事处，它是我国一级基层政府，是乡镇人民代表大会的执行机关。《宪法》第一百零五条规定“地方各级人民政府是地方各级国家权力机关的执行机关。”《中华人民共和国各级人民代表大会和地方各级人民政府组织法》第五十四条规定：“地方各级人民政府是地方各级人民代表大会的执行机关，是地方各级国家行政机关。”可见，乡镇政府的性质是基层国家政权，是我国最基层的一级行政机关。

（三）乡镇政府的职能

根据《中华人民共和国地方各级人民代表大会和地方各级人民政府组织法》第六十一条，乡、民族乡、镇人民政府行使的职权主要包括：1.执行本级人民代表大会的决议和上级国家行政机关的决议和命令，发布决议和命令；2.执行本行政区域内的经济和社会发展计划、预算，管理本行政区域内的经济、教育、科学、文化、卫生、体育事业和财政、民政、公安、司法行政、计划生育等行政工作；3.保护社会主义的全民所有的财产和劳动群众集体所有的财产，保护公民私人所有的合法财产，维护社会秩序，保障公民的人身权利、民主权利和其他权利；4.保护各种经济组织的合法权益；5.保障少数民族的权利和尊重少数民族的风俗习惯；6.保障宪法和法律赋予妇女的男女平等、同工同酬和婚姻自由等各项权利；7.办理上级人民政府交办的其他事项。在实际工作中，乡镇政府承担着地方公共管理、公共服务、经济发展等多项职能，涵盖综治维稳、防火防灾、精准扶贫、环境治理、安全生产、土地征用、房屋拆迁、社区服务、基础教育、文化体育、计划生育、社会保障、美丽乡村建设等几十项甚至上百项工作，由于乡镇政府繁重的工作任务，不得不将大量行政工作分解到村民委员会，加剧了村民委员会的“行政化”。

二、村民委员会的概念、性质与职能

（一）村民委员会的概念

根据《中华人民共和国村民委员会组织法》第二条规定：“村民委员

会是村民自我管理、自我教育、自我服务的基层群众性自治组织，实行民主选举、民主决策、民主管理、民主监督。”

（二）村民委员会的性质

《宪法》第一百一十一条规定“城市和农村按居民居住地区设立的居民委员会或者村民委员会是基层群众性自治组织。”同时，《村民委员会组织法》也规定了村民委员会的基层群众自治性。由此可知，村民委员会是我国农村地区的基层群众自治组织，不是一级行政机关。

（三）村民委员会的职能

根据《中华人民共和国村民委员会组织法》第二条规定，村民委员会的职能有：“村民委员会办理本村的公共事务和公益事业，调解民间纠纷，协助维护社会治安，向人民政府反映村民的意见、要求和提出建议。村民委员会向村民会议、村民代表会议负责并报告工作。”但实际工作中，村委会承担了大量来自各级政府的行政任务。

三、乡镇政府和村民委员会的关系

现阶段，我国农村基层政权实际包括乡镇政权和村民自治组织两部分。对于乡镇政府与村民委员会的关系，《村民委员会组织法》第五条规定：基层政权组织与村委会的关系是指导、支持、帮助的关系，而非领导与被领导的关系。即乡镇政府对于村民委员会的工作给予指导、支持和帮助，但不得干预属于村民自治范围内的事项；村民委员会协助乡、民族乡、镇的人民政府开展工作。从法律的规定来看，在村民自治背景下，作为村民自治组织的村民委员会对于行使国家基层政权的乡镇政府并没有行政隶属关系，二者只有工作上的指导与被指导、协助与被协助的关系。一方面，乡镇政府与村民委员会之间不存在领导与被领导的关系，不是简单的上级对下级的行政命令关系。村民委员会是乡村基层民主自治制度的组织载体，而不是国家政权机关的体制延伸；村民委员会要对村民会议负责，而不是对乡镇政府负责，村民委员会有权自行处理村民自治范围内的村级事务，乡镇政府不得干预，乡镇政府不能把大量的行政工作压给村民委员会，代替村民委员会决定问题。另一方面，乡镇人民政府对于村民委员会的工作给予指导、支持和帮助，村民委员会要协助乡镇人民政府开展工作。因此，从制度的设计来看，乡镇政府与村民委员会之间应当是指导与被指导、协助与被协助的关系，即村民委员会能够自主开展村民自治活动，乡镇政府只是在村际和涉及全乡镇的公共事务、公益事业和公共工程建设中发挥协调、统筹和组织作用。同时，村民委员会积极协助乡镇人民政府开展工作，推行国家在农村的各项政策，乡镇政府则积极支持、帮助村民委员会发展社区经济，推进各项社会事业的进步。①

① 华中师范大学中国农村问题研究中心编．中国农村研究（2001 年卷）[M]. 北京：中国社会科学出版社，2002:66-68.

第三节　社区工作站和社区服务中心

※

社区工作站和社区服务中心是我国社区建设发展过程中为加强协助政务、增强社区服务形成的新的社区组织机构。社区工作站和社区服务中心既是志愿者开展社区志愿服务的场所，又是志愿服务中关系密切的社区组织。2016年以来，我国各地的社区服务中心更名为社区党群服务中心。

一、社区工作站的概念和性质

（一）社区工作站的概念

社区工作站，有的地方又称为社区公共服务站，其发展背景主要是为了解决社区居委会长期存在的行政化过度、自治性不足的倾向，减轻居委会沉重的行政工作负担。在《民政部关于在全国推进城市社区建设的意见》的指导下，2003年开始，深圳、北京、杭州、成都、南昌、南京、青岛等城市陆续设立为社区居民提供“一门式”公共服务的社区工作站，强调由其承接政府下移到社区的公共服务职能，以使社区居委会能专注居民自治事务，并促进基层公共治理与居民自治的协调发展。

社区工作站的工作职能一般包括：承担政府在社区的相关公共服务工作，如社区就业和社会保障服务、卫生计生服务、社区文教体育服务、流动人口服务等。协助社区居委会做好社区公共事务和公益性工作。完成政府职能部门和街道交办的其他工作。由此可见，社区工作站是政府在社区层面设立的公共服务平台，其工作职责是代理代办政府在社区的公共事务，主要是政府各职能部门延伸到社区的社会公共服务，包括社会保障、社会救助、社区就业、公共卫生、计划生育等公共管理和服务。

（二）社区工作站的性质

社区工作站是社区在政府职能转变过程中产生的，依据国家相关法律法规和政府工作要求，上为政府分忧，下为居民群众办事服务的新型组织机构。虽然承担着基层公共服务管理职能，但其工作性质并不属于政府机关或事业单位，工作人员也不属于公务员或事业单位职工，目前，一些地方将其工作性质定位为：是承担政府下移到社区的有关公共管理服务职能，面向社区居民提供“一门式”服务的民办非企业单位，有的将其定位为区街社区服务中心在社区的延伸服务点。社区工作站在街道办事处、社区党组织领导和社区居民委员会的指导、监督下开展工作。

二、社区服务中心的概念和性质

（一）社区服务中心的概念

社区服务中心的渊源可以追溯到19世纪末英国和北美国家的“社区睦邻中心运动”，社区睦邻中心是社会工作中最先以社区为工作对象的设施、机构。社区工作的许多理论和方法都是由社区睦邻中心发展而来，而社区中心也正是当今实施社区工作最主要的工作机构。社区睦邻中心运动旨在改善和发展社区居民福利，特别是为社区贫民提供服务，寻求解决社区问题的方法，解决资本主义早期发展中的城市贫困问题。

我国城市社区服务中心作为一种综合性、公益性社区服务设施，是伴随社区服务和社区建设事业的发展而出现。目前有区级、街道级、社区级多个层级的社区服务中心，根据审批、办理公共事务的权限规定，其功能定位也各不相同。区级社区服务中心其功能定位在需要由区政府相关部门办理的、与居民生活相关的公共服务，如婚姻登记、失业保险、养老保险等；街道级社区服务中心，也称为街道便民服务中心、街道社区事务受理中心，其功能定位在可以由街道办事处办理或受理的居民公共服务。本章论及的主要是社区层面的服务中心。1986年，民政部为了配合城市社区经济的发展，提出开展社区服务，旨在城市开展以民政对象为主的福利服务和便民利民服务。从此，社区服务进入快速发展时期。1993年11月，民政部发布《关于加快发展社区服务业的意见》，明确了社区服务是在政府领导下，以街道、居（家）委会为依托，为满足社区居民日益增长的物质文化生活需求，发动和组织社区力量开展的具有公益性、福利性和互助性的社会化服务。1995年民政部颁布《全国社区服务示范城区标准》后，全国城市社区中心的建设出现高潮。各地以社区服务中心为载体和平台，为广大居民主要是老年人、青少年、儿童、残疾人等提供综合性、公益性、福利性服务，90年代至2010年代，主要由政府出资、由居委会工作人员提供服务。

自2010年以来，在政府转变职能、大力推行政府购买服务的背景下，社区服务中心的运营模式发生了转变和创新，社区服务中心一般被称为社区综合服务中心或社区党群服务中心。社区服务中心是深圳、广州、东莞等珠三角地区主要城市“十二五”期间重点推进的社区公共服务项目，同时向全国其他城市推广扩展。

党的十八大以来，党中央强调要以基层党建创新引领基层社会治理，党群服务成为社区中心的重要服务内容之一。2016年，深圳市全市的“社区服务中心”正式更名为“社区党群服务中心”，全国各地也先后进行了更名，形成了“党委领导、政府推动、社会参与、民间运作”的社区党群服务中心运行机制。

对于社区服务中心，本书的定义如下：社区服务中心又称为社区党群服务中心，是由社区党组织领导，政府推动，通过整合多方力量，通常采取政府购买服务方式，由社会组织具体承接开展社区服务的综合性服务平台。社区服务中心的服务对象既包括老年人、残疾人、青少年、优抚对象等基础人群，也包括药物滥用者、社区矫正对象、失业及特困人员等特定人群，还包括组织居民开展的自助互助服务、义工服务、社区发展等。

（二）社区服务中心的性质

社区服务中心在不同地方具有不同的性质。有的地方社区服务中心并不具备法人地位，不是一个具体实体组织，只是一个在社区提供服务的载体和平台。正如有学者指出的“社区服务中心是市区政府自上而下推行的，通过政府购买社工机构的服务而实施的社区公共服务平台”[①]。以社区作为服务的空间载体和地域范围，通过党委领导、政府主导，民间运作，整合多方资源参与的方式，协助政府实施社会福利政策并传递社会服务，发现社区居民需求，满足社区居民服务要求。对社区服务中心进行运营和管理是社会工作机构参与社区治理的主要方式。有的地方的社区服务中心不仅是提供社区公共服务的载体和平台，而且具有法人资格，如深圳盐田区的社区服务中心就是由社区居委会设立的社区服务站中标运营的且具有法人资格的社区服务中心。

三、社区工作站和社区服务中心的关系

社区工作站和社区服务中心是社区工作中联系最紧密的组织。社区工作站扮演的是代表政府实施基层管理的角色，是各级政府部门在社区的行政管理延伸，发挥的是“政府管理型治理”的功能。社区服务中心是社区中的非实体机构，由社区工作站整合社区内的各种公共资源提供服务场所，通过政府采购招投标，由民办社会工作服务机构进驻运营，为社区居民提供各种综合性专业化的社工服务，发挥的是“服务型治理”的功能。[②]二者分工明确，各自发挥着不同的职责。社区工作站具有常驻社区、熟悉社区情况、掌握社区信息、了解政府政策的优势，着重于在社区落实政府的民生保障政策。社区服务中心具有专业人才、专业服务的优势，着重于为居民提供多样化、个性化的社会服务需求。因此，在实际工作中，需要二者分工合作、密切配合。社区工作站是社区服务中心工作的合作者、监督者和评价者。

① 徐宇珊.服务型治理：社区服务中心参与社区治理[M].北京：社会科学文献出版社,2016:77.
② 徐宇珊.服务型治理：社区服务中心参与社区治理的角色与路径[J].社会科学,2016(10).

第四节 社区社会组织

※

社区社会组织既是志愿者开展社区志愿服务过程中的合作机构，又是调动居民参与志愿服务的组织渠道。社区社会组织具有公益性、互益性特点，有的社区社会组织本身就属于志愿组织，志愿者通过与社区社会组织开展合作，调动其成员参与志愿服务活动中，二者共同完成志愿服务任务。

一、社区社会组织的概念

我国社区社会组织是伴随着改革开放政策下市场经济的发展和社会转型而发展的，又称为“社区民间组织”“社区非政府组织”“基层社区组织”等。近年来，随着“社会组织”代替了“民间组织”的称谓，社区社会组织这一概念被社会广泛认可。

党的十六届六中全会首次使用了“社会组织”这个概念，《社会团体登记管理条例》把社会团体定性为“非营利性社会组织”，《民办非企业单位登记管理暂行条例》把民办非企业单位定性为“从事非营利性社会服务活动的社会组织”。民政部在2007年11月召开的全国社会组织建设和管理工作经验交流会上决定，今后不再沿用“民间组织”的叫法，而启用

"社会组织"这一新的提法。"社会组织"是对"民间组织"这个概念的继承和发展。

从广义上讲，社区社会组织是以满足社区居民需要为目的，提供各类福利服务和便民利民服务，开展各种社会公益活动的地域性组织，既包括以社区为服务范围的、由非本地居民组成的社会组织，也包括由本地居民发起、由本地居民构成的、服务于本社区的社会组织。狭义上讲，社区社会组织仅仅指后者，即社区自组织，它是指由社区居民自主发起、自我运营、自治管理的组织。

按照2017年12月《民政部关于大力培育发展社区社会组织的意见》："社区社会组织是由社区居民发起成立，在城乡社区开展为民服务、公益慈善、邻里互助、文体娱乐和农村生产技术服务等活动的社会组织。"由此可见，是从狭义上使用社区社会组织的概念，又可称之为社区自组织。本书认为，社区社会组织是指以社区为活动范围，以社区居民为构成成员或服务对象，以满足社区居民的不同需求为目的的公益性或互益性的社会组织形态，包括各种社区社会团体、社会基金会和社区社会服务机构。

二、我国社区社会组织的发展和类型

（一）我国社区社会组织的发展过程

我国社区社会组织的发展经历了从广义定位向狭义定位的发展历程。在我国社区建设发展初期，社区社会组织定位于广义形式。我国社区社会组织最早产生于上海的浦东新区，1996年，罗山市民会馆的建立是其开端。2002年，全国第一个社区民间组织服务中心在上海普陀区长寿路街道正式挂牌。党的十七大以后，社区社会组织开始得到较快的发展。

社区社会组织这一名称是在近几年伴随着社区建设的发展而逐渐得到广泛应用的。民政部于2009年发布的《进一步推进和谐社区建设工作的意见》中明确指出："建立健全共青团、妇联、残联、老年协会等群团组织在社区的机构，大力培育服务性、公益性、互助性社区社会组织，发挥其提供服务、反映诉求、规范行为的作用。适当放宽社区社会组织的登记条件，降低门槛，简化登记手续，及时办理备案手续，并在活动场地等方面提供帮助。”这一文件的发布奠定了社区社会组织发展的必要性和紧迫性。但当时的社区社会组织还是广义层面上的定位，强调在社区范围内、为居民提供服务的各类非营利性组织，并不特指由居民成立参与的组织。

在2011年发布的我国《国民经济和社会发展第十二个五年规划纲要》中，城乡社区社会组织被确定为重点培育、优先发展的社会组织。2016年8月，中共中央办公厅、国务院办公厅印发《关于改革社会组织管理制度促进社会组织健康有序发展的意见》，专门提及大力发展培育社区社会组织。要求降低准入门槛，积极扶持发展，增强服务功能。2017年，又专门出台了《民政部关于大力培育发展社区社会组织的意见》，要求“以满足群众需求为导向，以鼓励扶持为重点，以能力提升为基础，引导社区社会组织健康有序发展，充分发挥社区社会组织提供服务、反映诉求、规范行为的积极作用。力争到2020年，社区社会组织培育发展初见成效，实现城市社区平均拥有不少于10个社区社会组织，农村社区平均拥有不少于5个社区社会组织。”这里所指称的社区社会组织强调了必须是由居民成立并参与的社会组织。

（二）我国社区社会组织的类型

我国的社区社会组织的类型主要包括以下几种：

1. 文体类社区社会组织

是由拥有共同兴趣爱好的社区居民发起组成的。比如太极拳队、舞蹈队、健身队、书画社等。是当前我国社区社会组织中占比例最多的类型。

2. 服务类社区社会组织

是由居民组成的、为居民提供各种福利服务、公益服务的组织。比如社区志愿服务队、为老服务队、残疾人服务队。

3. 互益性社区社会组织

是由具有共同特征和需要的居民组成，相互提供帮助和服务的组织。比如抗癌互助协会、单亲妈妈互助小组。

4. 调解治理类社区社会组织

是由居民组成的、协调邻里关系、调节居民矛盾、维护社区安全的组织。比如，各地出现的和事佬协会、老娘舅调解工作室以及小区治安巡逻队。

三、社区社会组织的特征

社区社会组织既具有一般社会组织的特征，主要包括非营利性、公益性、非政府性、自愿性和自治性，还具有独有的特征：社区性。

（一）公益性

我国的社会管理体制在逐步变革，政府更加关注并注重保护人民群众的利益，鼓励人民群众积极参与社会事务管理。我国的社区社会组织是在政府政策的大力支持下得以发展的。其公益性体现在以下几个方面：首先，社区社会组织的资金大多来源于政府财政拨款、社会捐赠、会费以及有偿服务费用等，其财产具有明显的公共性质；其次，在成立动机上，大多为政府推动，比如老年协会等，少数社区社会组织由群众自发成立，因此，在成立动机上公益性质明显；另外，社区社会组织多致力于广泛动员社区资源，或为社会弱势群体提供直接或间接服务，比如在社区老年人服务、社区扶贫、社区再就业等方面，社区社会组织做了大量的工作，其服务活动内容具有公益性质。

社区社会组织活动的宗旨是为社会提供公益性服务，不以营利为目的，主要体现为所从事事业和服务的社会价值或社会效益，所致力于解决的往往是被主流社会体制（企业—市场体制和政府—国家体制）所难以顾及的一些重大或重要的社会问题。但是，并不排除某些社区社会组织可以兼具有偿服务性，即在向社会提供公益服务的前提下，可以收取一定费用，依照政策、法律、法规和价值规律得到合理的报酬，以满足社会的服务需求并促进社会组织的自我发展。

（二）非政府性

社区社会组织的非政府性体现在三个方面：首先，社区社会组织在决策体制上不同于政府等公共组织，具有自主、自治和独立性，是自主决策、自治管理的独立实体；其次，社会组织在治理结构上不同于自上而下的党政体系；最后，社区社会组织在运作机制上不同于政府，具有非垄断的市场竞争性，是追求核心竞争力，在市场中优胜劣汰的实力组织。[①]

① 王名 . 社会组织论纲 [M]. 北京 : 社会科学文献出版社 ,2015:20.

（三）自治性

社区社会组织是由社区居民自主、自愿成立的组织形态，那么它的特征之一便是自治性，尤其是在扩大基层民主建设方面发挥着重要作用。社区社会组织为增强社区自治功能、实现政府行政管理与群众自治有效衔接和互动，提供了组织平台，成为居民参与社区管理和公共服务、实践社区良性治理的重要载体。通过社区社会组织，让居民对社区提供的社会公共产品服务进行评议，增强了居民群众对社区工作的信任，让居民对社区公共事务进行民主协商，调动了居民群众参与社区建设、社区活动的积极性。另外，社区社会组织区别于传统的行政管理组织，它是通过自下而上的运作模式，激发社会自身活力与负责任公民社会的出现。

（四）社区性

指社区社会组织的组成成员为社区居民，其服务范围和对象为社区以及居民。因此，具有明显的地域性和基层性，这是社区社会组织区别于其他社会组织的最重要特征。

第五节　物业管理公司与业委会

※

目前我国新建商品房小区不断增加，住宅小区基本上都实行了物业管理，聘请物业管理企业管理小区物业，部分小区成立了业主委员会，社区志愿者进入此类社区后，需要了解和认识的两个主要组织就是物业管理公司和业主委员会。

一、物业管理公司的概念与性质

物业管理是伴随着改革开放后我国住房商品化改革而产生的房屋管理方式。1981年3月，深圳市物业管理公司正式成立，开始对深圳经济特区的涉外商品房实行统一的物业管理，标志着我国国内物业管理迈出的第一步。2003年9月，我国第一部《物业管理条例》正式实施，从此，物业管理工作具备了法律依据，物业管理也开始进入法治化、规范化的发展阶段。

（一）物业管理公司的概念

1. 物业管理的概念

物业管理是指业主对区分所有建筑物共有部分以及建筑区划内共有建筑物、场所、设施的共同管理或者委托物业服务企业、其他管理人对业主共有的建筑物、设施、设备、场所、场地进行管理的活动。

目前使用的物业管理概念是根据2018年最新修订的《物业管理条例》规定来定义的："业主通过选聘物业服务企业，由业主和物业服务企业按照物业服务合同约定，对房屋及配套的设施设备和相关场地进行维修、养护、管理，维护物业管理区域内的环境卫生和相关秩序的活动。"本书也沿用《物业管理条例》中的定义。

2. 物业管理公司的概念

物业管理公司也称物业管理企业、物业服务企业、物业公司，它是以物业实体为依托所设立的一种有限责任公司，是指取得物业管理企业资质证书和工商营业执照，接受业主或者业主大会的委托，根据物业服务委托合同进行专业管理、实行有偿服务的企业。其服务内容具体包括：房屋建筑主体的管理，房屋设备、设施的管理，小区环境卫生和绿化管理，小区公共安全和公共秩序管理。

（二）物业管理公司的性质

物业管理公司的性质是由物业管理的性质所决定的，物业管理并不生产产品，而是通过提供物业管理服务活动，为业主或用户创造一个舒适、方便、安全、幽雅的工作和居住环境，因此，物业管理公司属于服务型企业，属于第三产业。物业管理公司作为服务型企业，既不是事业单位，也不是国家行政机关，是独立的企业法人，因而具有一般企业的特征，实行独立核算、自主经营、自负盈亏、自我发展，以独立的名义享有民事权利，承担民事责任等权利和义务，其提供的服务是有偿的经营性服务，而不是无偿的福利性服务，属于企业性的经济行为。在企业的经营过程中，和其他类型企业一样，要遵循买卖双方自由交易、双向选择、优胜劣汰的市场竞争原则，参与物业管理招投标竞争，在市场竞争中不断提高物业管理水平。

除此之外，物业服务企业还具有某些特有的性质。①

第一，资质规定性。为了加强对物业管理活动的监督管理，规范物业管理市场秩序，提高物业管理服务水平，根据《物业管理条例》和《物业服务企业资质管理办法》，从事物业管理服务的企业必须具备相应的资质

① 参见张作祥主编．物业管理实务 [M]. 北京：清华大学出版社 ,2014:33.

条件，物业服务企业资质等级分为一、二、三级。

第二，合同制约性。物业管理活动主要是在遵守国家相关法律法规的前提下，按照物业管理公司和业主就物业管理服务内容、服务水平等协商一致所签订的物业管理服务合同的要求进行的。所以，物业管理公司的日常物业管理服务活动必须以物业管理服务合同的约定为基础，受到物业管理服务合同的制约。

第三，委托代管性。一般情况下，物业管理区域内的物业财产的所有权归属于全体业主。由于管理权从属于财产权，业主对特定的物业财产理所当然地具有了管理权。但是，由于物业产权多元化、复杂性及建筑物实体结构的不可分割性等特点，以及业主使用人由于各种原因无法对物业进行专业化、综合性的管理、维修养护等，业主使用人往往通过合同的形式，把对物业的管理、养护等工作委托给具有一定资质条件和能力的专业化的物业管理公司。因此，物业管理公司对物业的管理和维修养护等工作具有委托代管的性质。

第四，社会职能性。由于物业管理公司主要是对特定的物业区域、住宅小区、商住楼等提供物业管理服务工作，是物业管理区域的具体管理和服务者，因此，不可避免地要参与诸如建筑物外观、质量安全、区域环境卫生、市政设施、和谐稳定等的管理工作。物业管理公司和其他类型的企业相比较，更多、更具体地担负着某些行政管理、社会管理的特殊职能。

二、业主委员会的概念与性质

（一）业主委员会的概念

业主委员会又简称“业委会”，业委会是在物业管理区域内代表全体业主实施自治管理的组织。根据《物权法》第75条规定：“业主可以设立业主大会，选举业主委员会。”《物业管理条例（2018年修订）》规定：“同一个物业管理区域内的业主，应当在物业所在地的区、县人民政府房地产行政主管部门或者街道办事处、乡镇人民政府的指导下成立业主大会，并选举产生业主委员会。”业主委员会的职责是代表和维护物业管理区域内全体业主在物业管理活动中的合法权益。《业主大会规程》规定：

“业主委员会由业主大会依法选举产生，履行业主大会赋予的职责，执行业主大会决定的事项，接受业主的监督。”

综上所述，业主委员会是在物业管理区域内，在房地产行政主管部门或街道办事处、乡镇政府的指导下，由住宅小区内业主选举产生，代表和维护全体业主合法权益的、对物业实施自治管理的组织。

（二）业委会的性质

1. 业委会是业主大会的常设性执行机构

业委会由全体业主通过业主大会选举产生，对业主大会负责，具体负责执行业主大会交办的各项物业管理事宜。业委会要履行以下职责：召集业主大会会议，报告物业管理的实施情况；代表业主与业主大会选聘的物业服务企业签订物业服务合同；及时了解业主、物业使用人的意见和建议，监督和协助物业服务企业履行物业服务合同；监督管理规约的实施；业主大会赋予的其他职责。

2. 业委会是非营利机构，具有服务性质

业委会是不以营利为目的的、代表业主实施物业自治管理的组织，是非营利性机构。根据中华人民共和国住房和城乡建设部《业主大会和业主委员会指导规则》规定：“业主委员会应当依法履行职责，不得作出与物业管理无关的决定，不得从事与物业管理无关的活动。”

三、物业管理公司与业委会的关系

根据《物业管理条例》对物业管理的定义可知，物业公司受业主委托，对社区内的物业进行管理。业委会作为业主大会民主选举产生的物业自治组织代表业主选聘、监督物业公司。业委会和物业管理公司之间是契约合同关系、是监督和被监督的关系。物业管理公司以被聘用者的身份按照签订的物业服务合同向业主提供物业服务，业主委员会有权对物业管理公司的行为进行监督管理。

第八章

如何动员居民参与

社区志愿服务是社区服务的重要内容，也是居民参与社区生活的重要途径。社区志愿服务活动的开展离不开社区居民的广泛参与，居民既可以是志愿服务的接受者，也可以是志愿服务的提供者。然而，由于每个人都是独特的个体，年龄、性别、兴趣爱好、价值观念和社会经济地位各不相同，参与社区活动的居民会有不同的参与动机，这直接影响到社区志愿服务的质量，对社区治理和服务也会产生重要的影响。居民参与常常是发掘社区志愿者领袖的重要途径，也为社区志愿组织的建立提供人员支持。本章将会重点分析动员居民参与的几种具体策略，包括了解居民参与动机、引导居民建立社区自组织、召开参与式讨论会议、利用互联网实现线上参与。通过对居民参与动机的了解和分析，探索激发居民参与动机的有效途径，挖掘社区志愿者领袖，并引导居民建立社区自组织。

第一节 了解居民参与动机

※

一、居民参与概述

（一）居民参与的概念

居民参与又称居民社区参与、社区居民参与，即让居民广泛参与社区公共事务中，居民参与是一个自觉自愿的行动过程，是居民与社区及社区组织之间的良性互动。居民参与是指社区居民自觉自愿地参加社区各种公共活动或公共事务的决策、管理和运行，影响社区权力运作，分享社区建设成果的行为和过程。居民参与包括了参与主体、参与方式和参与内容三个基本要素，即“谁来参与”“如何参与”和“参与什么”。居民参与的主体，从狭义上仅是指社区中具有参与需求的居民及由居民组成的社区组织，从广义上还包括社区内的企事业单位、机关、团体以及商业服务业经营者等，他们通过个体参与和组织参与的形式，参与社区的政治生活、社区服务、文化活动、环境与治安等社区公共活动。由于退休老年人拥有更多的闲暇时间，老年人通常是居民参与的主要力量。

（二）居民参与的内容

居民参与的内容是社区的公共事务，具体而言，当前我国居民参与的社区公共事务主要有：参与社会组织或社区居委会组织的文化娱乐活动、服务活动、志愿活动、政治活动等；参与成立社区自组织，如各种文体活动队；参与有关社区利益冲突的讨论、协商，如小区停车位管理、衣物晾晒规定等；参与讨论社区公益金（微基金）的使用；参与讨论社区公共设施的建设、改造及使用，如小区公共空间的利用。

（三）居民参与的功能

1.居民参与有助于提升居民的民主态度和能力。参与是民主自治的前提和基础。2.居民参与可以确保有关社区的决策能符合社区的需要和利益，增强政府与居民之间合作的可能性，使各项政策目标更容易实现。3.激发个人成长，提升社区解决问题的能力。4.减少垄断。避免社区的决策由少数人操纵垄断，避免忽略大众的权益。5.满足个人的较高层次需要。通过居民参与，居民可以获得归属感、爱、地位及声望等较高层次的精神需求。6. 意识提升。居民可以作为主体去参与社会、改造社会，而不仅是适应社会。虽然强调居民参与的重要功能，但这并不等于否定专家的意见，社区很多公共事务需要较强的专业知识和能力，需要咨询、倾听专家的意见。强调居民参与也并不否定领袖的地位、代表的地位，现代社区居住人口多、规模大，一些居民缺少参与时间、精力和意愿，常常无法保证每个居民全部参与，需要通过选举居民代表、楼栋长等方式参与社区公共事务。

二、居民参与动机概述

居民参与动机是指居民参与社区公共事务的内在驱动力。要想动员居民参与，必须了解居民的参与动机。通常居民是否参与社区，要根据社区公共事务是否与自己利益相关，参与能否让居民获得一些利益或学到一些技能。使人愿意参与社区公共事务的力量远比使人待在家里或工作单位的力量要小，这是一种常见的情形。人们参与社区活动的第一个理由是，他们想从中得到什么。不同的人会有不同的参与动机。了解居民参与动机有助于更好地动员居民参与。

（一）居民参与动机的类型

居民参与社区的动机是多种多样的。概括起来，居民参与社区事务可能出自以下几种动机：

1. 利他主义动机

这类居民参与社区事务主要是出于奉献社会、服务他人，愿意牺牲个人的时间精力，关心社区集体利益。

2. 物质需求动机

居民参与社区事务出于可以获得一定的经济回报，如在社区活动中常见的通过发放小礼品的方式激励居民参与社区活动。有的社区通过志愿者积分制度，让社区志愿者通过服务积分兑换生活用品。

3. 休闲娱乐需求

居民通过参加社区举办的各种文化体育、节庆活动，获得快乐充实丰富的生活。

4. 亲和需求动机

居民通过参加社区团体、社区活动，与邻里、共同兴趣爱好者建立紧密友好的人际关系，形成社区归属感、群体归属感，减少生活孤独感、寂寞感。

5. 成就需求动机

居民长期参与社区活动还可以形成某方面的特长，成为某方面的专家，从而带来成就感。如通过书画班、摄影班的学习，一些老年人成为书法家、画家、摄影家。

6. 权力需求动机

如有的居民通过参与业委会活动，获得管理小区物业的权力。

在实际生活中，居民的参与动机并非单纯的某一种动机，常常是几种动机混合在一起。

（二）了解人们为何参与或不参与社区

有些人会因社区团体已经有了别的类型的人参加而不愿参加，如一些以写作、软件设计为打工手段的白领自由职业者可能不愿去参加以农民工为主的“打工者之家”。还有些人认定他们的家园是非常狭小的地方，对超出本社区范围的活动不愿参加，如对帮助本村困难户的慈善捐助愿意积极参与，而对外村人的捐助则不愿参与。还有的因为面临相同的问题，但要运用的方法不一样、达到的目标不同，而产生了不统一、不团结，如在一些老旧小区，居民虽然都想要有更好的居住条件，但有的人想搬迁离开，有的人则希望留下改善现有的住宅状况，意见不统一导致居民不愿参与。

导致居民不积极投身社区参与的因素有多方面，包括个人因素、社区环境及社会政治文化等。见表8-1妨碍居民投身社区参与的因素。

表8-1 妨碍居民投身社区参与的因素

个人因素	社区环境	社会政治文化
工作及生活压力大，没有时间精力参与；	处于过渡性社区，如临时租客，难以建立社区归属感和长期稳定的人际关系；	缺少公民意识，对公共事务冷漠；
缺乏参与的相关知识和技能；	环境脏乱差，资源匮乏，居民缺少社区认同感；	搭便车心理；
缺乏参与的自信心；	属于边缘少数社群如外来务工人员，不被管理者重视	功利主义及个人主义倾向；
有过参与的负面经历和体验		依赖政府权威

（三）参与社区的效应

参与社区会有什么样的效果？从有利的方面，它可以使居民成长，并丰富居民的生活，有时还会使居民成为某方面的专业人士，获得成就感、社区归属感。从不利的方面，投入社区活动可能导致收入的减少、耗费时间精力，如一个体户每周做2小时志愿服务，义务为残疾人理发，可能会减少他的收入。

（四）动员居民参与的基本原则

通过总结实践经验，可以归纳出动员居民参与的基本原则：①

1. 让居民在参与中获益

居民是否参与，要视参与对居民有何益处。发动居民的总原则就是让居民通过自身的参与获得益处。

2. 让居民看到参与能解决社区问题

居民冷漠或不参与的主因是看不到参与能为社区带来转变。让居民参

① 赵健 . 从“特色楼道”建设看社区动员居民的八项原则 [J]. 中国社会工作 .2018(2).

与的最好办法就是用实际行动把成果展示给他们看，让他们通过自己的眼睛来体会变化，体会到自身的参与确确实实能够带来真正的改变。

3. 明确应该动员哪些居民

要动员所有居民都参与是不现实的。无论动员群众的策略如何完善，任何社区内仍有相当多的群众无动于衷。应优先动员平时经常参加社区服务的志愿者和居民代表，使之成为模范和先行者，进而吸引有一些兴趣但仍采取观望态度的群众。

4. 为参与的居民带来个人的改变

在动员群众参与时，不但希望社区问题得到解决，还可以为参与者带来改变，使居民在参与中获得收获和成长。

5. 让参与的居民感受到自己的贡献

要让群众享受参与的成就感，根据群众的能力、专业及意愿，进行分工合作，让参与者看到自己的贡献及能力，觉得自己对社区有用、被他人需要，受到社会的认可和赞赏，群众才会站出来并继续参与。

6. 降低居民参与付出的成本

群众有时不参与的原因是要付出的代价太大，如开会时间太长太晚、参与过程缺乏效率、开会地点太远等。应避免让居民在参与中付出过多金钱、时间、精力。要经常询问居民是否遇到困难或是否需要提供支持。

7. 时刻注意社工的个人素质

工作者一定要做到态度诚恳谦和，言而有信，更多考虑居民的立场，工作时热情投入，愿意倾听他人的意见，则被动员的群众可能基于一种信任关系而参与。

8. 要懂得选取合适的事件

根据居民的需求推出适当的项目，让居民可以通过精诚合作达成目标，通过合适的项目让居民看到参与获得成功的可能性，并在项目结束后体验到成功的喜悦。如果社区事件是社区居民广泛感受到的，并且简单易行、短期内可以解决，此类事件通常容易推动居民参与。

三、居民参与社区志愿服务的动机

志愿服务是居民社区参与的主要形式和途径。帕克认为志愿者的动机来自四个方面：一是利他型帮助他人；二是期望得到某种回报；三是传播自己的信仰；四是寻找休闲的体验。这是对居民参与动机来源的概括性描述。根据我国社会文化特色，把居民的志愿服务参与动机分为利他主义价值观驱使、成就动机、自我发展动机、宗教信仰动机及休闲娱乐动机。

（一）利他主义价值观

利他主义的价值观是社区志愿服务参与的重要动机，也是社区志愿服务的精髓。这种利他主义价值观表现为不计回报的爱和全身付出的奉献精神。利他主义价值观驱使社区居民自愿自觉奉献自己的时间、金钱和能力，去帮助社区中需要帮助的人。这一参与动机下的社区居民具有强烈的社会责任感和奉献精神，并且其参与动机具有社会性取向，主要体现在回馈社会、服务他人、关注社区公共事务等。

（二）成就动机

社区居民通过参加志愿服务，寻求在志愿服务中达成自身认可的成就。在这种动机的引导下，社区居民趋向于参与大型志愿活动，并在大型活动中发挥自己的特长，而不是安于平凡的生活或者满足于日常的志愿者活动。这与人们追求卓越、达到标准、争取成功的目的不谋而合，从而吸引人们愿意花时间和精力去迎接挑战，通过参与志愿服务达到自己的个人目标，为达到成功或完美的境地而不懈努力，使自己的成就需要得以满足。

（三）自我发展的需要

自我发展的需要也称自我实现的需要，是居民参与社区志愿服务的重要驱动力。自我发展的需要表现形式有两种：一种是物质利益，另一种是精神利益。物质利益包括获得有形报酬，如纪念品、免费门票以及荣誉证书等；精神利益包括自我肯定、充实生活、积善积德、获得培训和工作经验、扩宽个人职业生涯、寻求机会提高职业生涯身价等。这种自我发展的动机驱使社区居民广泛参与社区志愿服务，改变了以往志愿服务活动仅仅出自利他主义动机，使利他与利己完美结合，共同促进社区志愿服务的开展。社区居民在参与志愿服务中，不断发挥自己的特长，并及时发现自己的不足，努力改善，以便更好地参与社会生活。

（四）基于宗教信仰

宗教信仰也是志愿服务的参与动机之一。如基督教的博爱、佛教中的善行与普度众生等。基于宗教信仰的参与动机，更加具有稳定性，因为具有个体本身对于宗教的忠诚。这些基于宗教信仰的个体，一方面践行了宗教教义，另一方面也是对所属宗教的有效宣传。

（五）休闲娱乐

休闲娱乐的动机是指居民通过参与社区志愿服务来达到放松身心、娱乐自我的目的。在志愿服务中，社区志愿者与他人交流相处，收获了友谊，收获了快乐，进而更加激发了他们从事社区志愿服务的热情。如退休的老年人，他们面对退休后突然增加的闲适时间，会感到不适应，他们常常会感到生活无趣，漫长的时间没办法打发。而志愿活动的参与为这些老年人的生活增加了趣味性，使其发展了人际关系，老有所为，老有所乐。

不管社区居民是出自哪种动机参与社区志愿服务，社区志愿管理者都需要了解居民的参与动机，只有真正理解了居民参与背后的心理动力、满足其参与意愿和需求，才能充分动员居民参与到社区志愿服务中来，合理分配志愿服务任务，实现人力资源管理的优化，提高社区志愿服务的参与效果，充分利用志愿者资源组织开展好各项活动。

四、如何激发居民参与志愿服务的动机

参与动机是社区居民参与社区志愿服务的动力因素，是贯穿志愿行为、志愿活动始终的驱动力，需要不断进行参与动机激励。居民参与动机受到内外因素的共同影响，即内在自我需求和外在环境要求相互作用下所形成的内在驱动力，对居民参与动机的激发就要从内外两个方面着手。

（一）外部环境

社区志愿服务的动员需要政府和社会的肯定和支持。一方面，政府管理职能的适度放权以及社区功能的增强，导致公民的行为自主性不断增强，社区志愿组织获得发展空间，社区志愿服务越来越普及。另一方面，助人为乐一直以来就是中华民族传统美德，同时，由于近年来全社会对志

愿精神的广泛宣传，全社会对于志愿服务的认可度很高。

1. 政府支持

政策支持：可以制定相应的优惠政策，让社区居民在参与志愿服务的同时，能够获得一些回报，志愿者时间登记制度、时间转换制度、发放证书等措施可以让社区居民感到他们的付出是有意义的，有价值的。

资金支持：中国社区志愿服务兴起之后，党和政府及社区机构都在探索各种社会激励机制，即从社会方面对志愿者的服务予以承认、进行奖励、提供回报。

2. 社会环境

文化氛围：加强正面宣传引导，大力弘扬志愿者精神。可以定期举办志愿者文化活动、开设社区志愿文化宣传栏，营造社区志愿服务氛围。培养居民的市民意识，增强社区责任感，真正把志愿活动变成居民完全自觉的公民行为。

社会认同：充分利用大众传媒和文化宣传设施，对在志愿服务实践中表现突出的志愿者、志愿者组织及其典型事迹予以宣传。努力营造有利于志愿者队伍发展的良好社会氛围，增加社会认可。社会认可能够增加居民参与志愿服务的成就动机，使其更加愿意参与进来。

3. 利用社区居民对社区基层组织的归属感进行动员

参与社区志愿服务的居民大部分为退休老同志，经历过以往的单位制，他们往往对组织具有较强的归属感和认可性。因此可以利用社区居委会的组织地位，依靠社区居委会的动员力量，发动、宣传、激励社区居民参与志愿服务，吸引退休的老同志继续发挥余热，为社区建设贡献力量。

4. 社区精英骨干的带动

社区精英往往是社区志愿服务重要的参与力量。大力培育和发掘社区志愿者领袖，他们能为社区提供精神资源，吸引和劝说更多的居民参与志愿者活动。这种志愿者榜样的影响力巨大，社区居民对榜样、精英的尊重和认可也能成为志愿者动员过程中不可忽视的驱动力。

（二）内部机制

1. 自我素质

社区居民的自我素质是志愿者动员能否成功的基础性因素。如果居民思想道德素质较高，具有较强的公益精神和公民意识，稍加动员就会有更多的居民参与到社区志愿服务中。

2. 内部激励机制

社区志愿者的管理者应该多了解居民参与社区志愿服务的原因，并适时推出措施留住和吸引更多的人到社区志愿者队伍中来。无论是精神的还是物质性的，无论是眼前的还是长远的，作为社区志愿者的管理者，都要给予关注和考虑，并通过内部激励来实现。内部激励包括精神激励和物质激励。

精神激励是指精神方面的无形激励，运用非物质的手段使受激励者得到精神上的满足，包括社会认同、政治待遇、群体尊重、荣誉和感谢等都可以概括为精神激励。参与社区志愿服务的居民很多都有追求利他主义、无偿奉献、被人尊重、被社会需要等精神层面的动机。因此，通过精神激励更能够激发居民对社区志愿服务的广泛参与。

物质激励是指运用物质的手段使受激励者得到物质上的满足，从而进一步调动其积极性、主动性和创造性。主要包括金钱和实物。志愿者在长期的志愿服务中，难免会出现倦怠现象。通过颁发奖品、补贴、兑换服务和物品等物质激励可以增加居民志愿服务的参与度，吸引更多的人参与进来。但是志愿服务本身是无偿性的服务，要把握好物质激励的度，避免志愿服务变质。

小贴士

动员群众的过程步骤

一、预先准备

工作人员要筹划确定：动员哪些群众？到哪里及何时接触到这些群众？动员群众去做些什么？用什么策略打动群众的心？若对方拒绝，如何应对？

二、接触群众

首先主动介绍自己，取得对方信任。了解对方对于社区的想法，建立初步关系。细心聆听对方讲话，让对方觉得受到尊重和重视。

三、邀请群众参与

在时机成熟时，邀请对方参与。如果对方答应，则表示感谢和欢迎，并及时留下对方的联络方式，并说明期望对方做些什么。当遇到问题时，对方可以找谁咨询？若对方未能及时答应，可询问何时才能回复是否参与？

四、提醒群众参与

通常在活动举行前一天或数天，可通过家访、微信或电话等方式提醒群众参与的时间、地点、交通路线等详细信息，确认对方是否参与。

五、群众到场参与

当居民到场参与时，工作人员要欢迎、欣赏及支持他们，不要冷落忽略他们。要介绍他们互相认识，尤其对第一次参加或者性格内向的人，工作者应给予更多关照，要为其引介伙伴和热心骨干，让他们尽快融入集体当中。

动员居民参与案例

家庭式参与让社区志愿服务更具活力①

居民主体参与不足和志愿者力量难以与社区整体治理相结合，是社区志愿服务发展的一大瓶颈。为解决该问题，创新社区志愿服务动员参与形式，东莞市大朗镇长富社区尝试实施家庭式参与的志愿服务项目，取得了较好的成效。2016年，社区推出“袋鼠妈妈行动组——社区互助暖家志愿服务行动”项目，让社区中 3-6 岁孩子的全职妈妈通过“袋鼠妈妈微课堂”学习育儿经验，通过“生活百事通”解决生活困惑，通过互助平台扩大支持网络，通过志愿服务获得社会认同。短短半年时间，该项目开展了线上线下活动100 多场，吸引了 80 多名会员，成为社区中活跃的志愿服务力量。

2017年，还推出了“志愿者亲子公益旅行计划”，以亲子组合的形式

① 吴显连，叶雪霞．家庭式参与让社区志愿服务更具活力 [J]. 中国社会工作 ,2017(10).

参与，让他们到相对落后地区完成公益任务，进行亲子拓展活动。该计划不仅增进了志愿者对志愿服务的全新认识，加深了他们对公益的理解，更兼具家庭教育和创造教育回忆的功能，非常受欢迎。

该社区作为楼盘社区，在日常志愿服务项目的选择上有别于传统的救孤助残。调研发现，居民对生活技能类的服务有巨大需求，比如法律纠纷服务、健康问题咨询、心理问题解惑以及日常用品修补等。而志愿者中的家长们拥有不同的身份和技能，成了生活类服务的主力。为此，特地成立了“家庭志愿者工作室”，由父母志愿者们带孩子一起到志愿者工作室“坐班”，为居民提供日常服务。

2016 年冬，社区 70 多个志愿者家庭还自发组织众筹了 1.2 万元，成立了本区域内首个“公益暖墙”，以“带走您的需要，留下您的爱心”为理念，接受熨烫整齐的上衣、裤子、童装、童鞋等，为流浪人士、困难群众留下一片暖意和尊严。“公益暖墙”开放后，40 多个家庭轮流值班护航，负责旧衣物的回收、分拣、清洁、消毒等。这项公益行动获得了社区居民的高度认同。截至2017年5 月，共回收居民捐赠衣物超过 1.5万件，送出衣物 5000 余件。这项由家庭发起、家庭参与的志愿服务项目，为改善社区关系、增强社会网络、促进社区和谐带来了很大的益处。

家庭志愿服务为家庭教育和家庭沟通提供了全新的解决方案，实现了受助和助人的统一，实现了志愿者家庭受益、志愿服务组织扩能、社区服务能力增强的“三赢”格局，是动员居民参与社区志愿服务的良好探索。

第二节　引导居民建立社区自组织

※

居民参与社区公共事务通常会建立一定的团体和组织，以参与社区组织的形式参与到社区公共生活中来。由居民自主成立的社区自组织是引导居民参与的重要途径和载体。社区自组织中的居民是参与志愿服务的重要力量。

一、自组织的基本概念

（一）自组织的含义

自组织是相对于他组织而言的。他组织是外部力量强制形成的，而自组织是通过组织内部的协调与认同而形成的内部组织化、有序化的自发组织。“他组织指的是由一个权力主体指定一群人组织起来，以完成一项被赋予的任务。自组织（self-organization）则是一群人基于自愿的原则主动结合在一起，具有以下特点：一是一群人基于关系与信任而自愿地结合；二是结合的群体产生集体行动的需要；三是为了管理集体行动而自定规定、自我管理。”[①]

（二）自组织的类型

社区自组织既可以是由各种居民参加的自组织，如社区协商理事会，

① 罗家德，梁肖月．社区营造的理论、流程与案例 [M]. 北京：社会科学文献出版社，2017:16.

也可以专门由某种类型人群组成的自组织。根据参与自组织成员类型的不同，可以分为社区青年自组织、妇女自组织、老年人自组织、残疾人自组织等。本章着重分析由社区内居民自发组织成立的，从事公益性服务活动的社区志愿自组织。

二、社区志愿自组织的基本概念

（一）社区志愿自组织的概念界定

志愿者组织是非营利组织中比较常见的一种形式，能够弥补政府失灵和市场失灵，提供公共产品和服务。社区居民通过自愿的方式联合起来，本着对社区的责任和对社区共同利益的承诺建立了社区志愿自组织，志愿者精神也被展现得淋漓尽致。简言之，社区志愿自组织是社区居民自主成立的、为本社区居民乃至更大范围的居民提供无偿志愿服务的社区自组织。

（二）社区志愿自组织的主要特点

组织性：在我国，大部分社区都建立了社区服务志愿者活动的组织，形成了有组织的志愿者队伍。这些社区志愿自组织有着自己一套成熟的招聘、培训、评价、保障制度，具有较强的组织性。

多样性：社区志愿者服务活动内容丰富、形式多样。从服务对象看，面对老年人、残疾人、贫困群体，为其提供社会福利服务；面对社区居民，提供便民利民服务；面对社区内企事业单位和机构团体，提供保障服务。体现了社区志愿自组织的服务内容多元化，服务项目精细化。

实质性：社区志愿自组织所提供的志愿服务并不流于形式，不是在表面上下功夫，而是考虑到社区居民的实际需求，为其提供更能满足其真实需求的志愿服务。通过开展社区志愿服务，帮助有困难的社区居民解决了许多现实性的实际困难。

三、社区志愿自组织的建立

社区自治的本质是一个内在的发展过程，它包括社区成员社区意识的增强、社区成员参与社区公益活动的积极导向、社区资源的挖掘与合理配置等。社区成员的参与状况将决定社区自治的效果。[①]任何一个自组织都需要经历成立、维护与发展三个阶段。因此社区志愿自组织的建立也是一个过程，需要经历建立、维护与发展三个阶段。

（一）第一阶段：社区志愿自组织的成立

1. 创造机会

深入社区，发现社区需求，创造社区志愿服务机会，并根据社区居民的不同参与动机进行激励。一方面为社区志愿自组织的成立积累丰富的志愿服务经验，另一方面也促进社区利益的实现，增加社区对社区志愿服务的认可，创造一个良好的志愿服务氛围，激发社区居民志愿服务参与热情。

2. 发掘社区志愿领袖

社区志愿领袖通常会成为社区志愿自组织的组织者和管理者。社区志愿领袖的来源主要有：从日常社区志愿活动中发掘和培养、社区推荐、熟人介绍、居民自荐等。其中从社区活动中涌现的优秀居民，不仅具有极大的参与热情，而且还拥有较为充足的空闲时间。通过社区活动的开展影响和吸引居民参与，同时在活动中发现积极分子，发展他们成为社区志愿者，使他们成为社区志愿领袖，并定期组织培训学习，培养其成为社区志愿自组织的组织者和管理者。

3. 制定组织制度

社区志愿自组织作为一个居民共同建立的集体，不仅需要强烈的参与动机作为支撑，更需要建立和完善制度以保障其运作和发展。因此，制定组织制度不可缺少，它是一个组织得以存在的骨骼。在组织制度中，需要明确告知组织成员社区志愿自组织的宗旨、责任和任务、成员的权利义务、组织管理方式、如何加入和退出及经费来源等问题。

4. 组织招募

任何一个组织的成立都需要人力资源作为其新鲜血液，因此，社区志愿自组织成立的一个重要任务就是招募组织成员。志愿者招募步骤：确定服务需求及岗位；制定招募目标；确定招募对象及人数；选择招募途径；

① 王思斌 . 体制改革中的城市社区建设的理论分析 [J]. 北京大学学报 ,2000(5).

进行志愿者招募。

（二）第二阶段：社区志愿自组织的维护

1. 人员培训

对组织成员的自身需求和组织要求进行定期培训，培训内容包括基础培训、业务培训和拓展培训。基础培训的内容包括：志愿精神和志愿理念的培训；组织文化介绍；志愿者的权利、义务和服务中的人身安全保障知识、常用法律知识等。业务培训的内容包括：志愿服务活动开展流程、注意事项、活动方案和活动总结的撰写等。拓展培训是为了培训骨干，提升志愿者的素质和技能进行的一系列培训，包括协调统筹、沟通能力、危机干预能力、管理能力等方面的培训。培训的目的是保证社区志愿服务水平、增强志愿者对社区志愿自组织的归属感、充分调动志愿者的参与积极性。

2. 志愿服务开展

社区志愿自组织成立后，就需要运营起来，以维持组织的活力，这样组织才有实质性存在意义。而维持组织运营最好的体现载体就是志愿服务的开展。包括日常志愿服务活动和主题志愿服务活动。

（三）第三阶段：社区志愿自组织的发展

1. 寻求合作

社区志愿自组织发展到一定程度后，就要开始寻求组织发展扩大方向，而不能仅仅囿于原地止步不前。因此，寻求合作伙伴是社区志愿自组织促进发展的有效途径。社区志愿自组织的合作方可以是政府部门、其他自组织、媒体、个人等。通过合作的达成，为社区志愿自组织带来更大发展机会，带来更多的资源，以实现组织可持续发展。

2. 扩大志愿者队伍

随着社区志愿服务的深入开展，社区志愿自组织的公信力也越来越强，得到社区居民的认可，品牌化得以实现。基于各种参与动机下的社区居民会受到极大吸引，加入志愿者队伍中。社区志愿组织的规模也因此得到扩大。

社区志愿自组织案例

汪姐工作室：从平安志愿服务队到专业志愿组织

汪姐工作室志愿服务队成立于2016年4月，由南京市雨花台区板桥新城新林社区党员汪长秀同志创建。2019年60岁的汪姐从事志愿服务已长达19年，先后荣获南京市优秀志愿者、南京市最美平安志愿者、南京好人365等荣誉称号。

自2000年起，汪长秀本着“帮助别人，快乐自己”的信念，作为社区党小组长带头开展志愿服务，2016年在社区的帮助下，成立了以退休老年人为主的志愿服务组织——汪姐工作室。在她的带领和影响下，志愿服务队由刚开始组建时的五六人，发展至今，已有志愿者86人，其中女性52人，服务总户数3564户，服务总人口6万余人，平均每年志愿活动36次，长期在社区开展常态化志愿服务。她把每天所做的事情用日记的方式记录下来，写下了15万字的志愿服务日记，用自己平凡的行动和执着的付出感染着周围的人。志愿服务队的服务范围也从最初单一的平安志愿巡逻，扩展到治安巡逻、助老助残、便民服务、民事调解、护学队、家政服务、环境整治、妇女维权等八大类志愿服务。

目前，汪姐工作室已从新林社区走向周边社区，迈出跨社区服务的新路子，同时通过招聘年轻的专业社工，参加自我增能培训等方式，学习社会组织管理、项目申报书撰写等专业知识，提升志愿者团队素质，已开始具备承接政府购买服务项目能力，近三年，承接市、街道、社区政府购买服务项目5个，购买服务资金20余万元，包括2019年南京市公益创投项目“一路直行，为你撑腰”、2017~2018年雨花台区近华社区“打造平安志愿者服务团队”项目、2018~2019年近华社区“高龄老人上门照护服务”项目等多个志愿服务项目，逐步向专业志愿服务组织发展。2019年汪姐工作室被评为南京市雨花台区十佳社会组织，是唯一一家当选的社区自组织。

小贴士

社会工作者如何在社区培育社区社会组织[1]

一、通过调研走访摸清社区内社区社会组织资源

社区社会组织资源可以分为两类，一是社区内原生的已经成型的社区社会组织，通常这类组织都已经有较为完善的管理体制和服务方向及内容，社会工作者对于这类组织的孵化和培育作用所能发挥的空间有限，但可以对社区社会组织与社区的联系和沟通，政策的普及等提供支持，而这类组织通常都能作为社区资源，通过社会工作者的资源链接在社区活动中发挥更大的作用。二是社区内已有的社区社会组织的萌芽，如各类群众自发性的文化性社团、兴趣组织，此类社团多为群众因共同的兴趣爱好而自发形成的以满足特定文化需求的群众自发性的团体，此类团体的管理相对松散，目的相对单一，社区参与性相对较低，针对此类社团，社会工作者可以通过摸清某一社团组织的情况，有针对性地制定较为详细的培育计划，开展社区社会组织的培育工作。

二、通过多种途径培育社区社会组织发展的热土

1. 针对社区内已有的文化性社团，通过两个方面开展工作

一是培养社区内文化性社团骨干。在各支文化性社团中，社团负责人及社团内有一定影响力的成员都可以作为文化性社团的培养对象，通过将社团聚集起来，定期开展社团骨干会议，提升社团负责人及社团骨干的管理能力、组织能力，并通过开展相关的培训，帮助社团负责人认知了解社团及社区社会组织的概念，明确社团发展中需要提升和改进的地方，建立社区参与意识，组织社团负责人学习社区社会组织注册及备案的流程及步骤，逐步在学习、交流、培训、提升中培养出具备独立管理能力和社区参与意识，具备社会责任感的社区社会组织的管理者和运营者。

二是提升文化性社团的能力。首先，协助文化性社团制定社团管理细则，规范文化性社团的管理，并通过协助社团建立社团自我管理规范，

① 郑州市馨家苑社区服务中心．社工如何在社区培育社区社会组织 [EB/OL].https://www.sohu.com/a/235487235_280188,2018-06-13.

逐渐建立起社团的自律标准。其次，通过社会工作者对文化性社团管理规范的运营或落实，并对社团运营情况进行回顾和分析，及时发现社团运营中存在的问题，及时解决，并在这一过程中逐步提升社团自我管理运作的能力。再次，通过对接专业老师的指导、社团文化交流活动、社区文艺演出、联谊活动等资源的整合和支持，提升社团的能力和成果水平，逐步提升社团自我学习、自我提升的能力。最后，通过对社区、居民、社区企业、团体等资源的联系和支持，协助社团解决社区联系以及资源对接的问题，提升社团的社会化参与能力。最终实现社团自我参与社区事务、自我运营管理的能力。

2. 在无基础的社区则可以通过多种方式培养社区社会组织

针对文体类的社区社会组织，可以通过在社区内开展兴趣小组的方式，在社区内招募有一定特长的居民成为志愿者老师，为有共同爱好的居民授课，提升居民在某方面爱好的能力，通过兴趣小组的开展，培养文艺性社团所需的居民群众基础，满足有相同爱好的居民共同参与活动的需要，消除居民陌生感，培养居民自主参与、自主决策的能力。发掘发展较好的兴趣小组作为社团的培养目标，社会工作者按照兴趣小组—社团—社区社会组织的培育方法开展服务支持。

3. 针对志愿服务类的社区社会组织，社会工作者通过基础性的社区服务、文化活动、社团活动吸引居民在社区内参与活动、享受服务

在居民参与的过程中，培养居民社区参与的意识，在社会工作者提供社区服务的过程中，把在社区活动中参与较为积极的、对社区认可度较高、有志愿服务意识的居民，通过志愿者的招募、报名、培训、考核发展成为志愿者。社工通过专项志愿服务培训，提升志愿者的服务的专业性和能力，分门别类地组成志愿者队伍，针对社区的不同方面，提供更为专业的志愿服务，实现了志愿服务的浅层次普通化向深层次专业化转变。实现志愿服务队伍的独立运营，这也为注册成立社区社会组织提供了基础。

三、联系党委政府，了解最新政策，实施建言献策

在培育社区社会组织的过程中，社会工作者还需要密切联系党委政府，了解最新的关于社区社会组织发展的政策法规，如《民政部关于大力培育发展社区社会组织的意见》《民政部关于在社会组织章程增加党的建

设和社会主义核心价值观有关内容的通知》等等文件，学习和研究最新政策也有助于社会工作者在培育社区社会组织的过程中找准发力点、找到切合点，同时通过对政策的研究和党委政府的沟通，摸清社区社会组织注册的流程和注意事项，并协助符合注册条件的组织申请注册。另一方面，协助社区社会组织加强党建工作的开展。

四、做好社区社会组织培育中的角色转变

社会工作者在培育社区社会组织的过程中，所扮演的角色也在一直发生变化。从引导者向教育者、管理者、资源链接者、支持者等等角色转变的过程中，所承担的责任和应发挥的作用也在发生变化。总的来说，在培育的过程中，社工在社区社会组织中的角色逐步从主导向引导，从引导向支持转变，在社区社会组织能够独立运营之后，社会工作者也应找到合适的退出机制，将社区社会组织作为在社区的一方资源，互相联系和互相支持。

第三节　召开参与式讨论会议

※

召开会议是动员居民参与社区事务的重要途径之一。与传统会议相比，参与式讨论会议更能调动居民参与的积极性。①

一、参与式讨论会议的特点

参与式讨论会议与传统的讨论会议区别在于：1.传统的会议讨论，参与者大多数只是听众，甚至人来了，却并不在听，发言者最后可能会问“大家有意见吗”，通常的结果也是没人回答就结束了。2.传统的会议往往是“通告”式，将已经决定的内容通告一下，实际上是领导发布消息，让“参加会议者”听，有方向性地引导。3.在群众座谈上，通常参与讨论的人并不踊跃，也不是自愿，而且这种讨论的氛围基本是步调一致的，很难有不同的观点，即使有也是以冲突的事态的形式出现。

① 第一、二、三条，见宋庆华主编．沟通与协商：促进城市社区建设公共参与的六种方法 [M]. 北京：中国社会出版社 ,2012:3,6.

二、参与式讨论会议要达到的结果

参与者能够对影响他们生活的决策提出问题；参与者要对提出的问题因果进行分析；参与者要有解决问题的建设性建议；参与者要讨论出解决问题的行动计划。

从以上可以发现，参与式讨论会议并不只是让居民提出自己的要求和需求，把困难和问题抛给政府或社区组织，而是希望居民能够群策群力，自主提出解决问题的方案和建议，进而共同行动解决问题，达到真正的深层次参与。

三、参与式讨论会议需要的条件

参与式讨论会议就是让参与者能有机会对改变他们的生活充分表达意愿。一个参与式会议需要几个条件：

1.寻找一个让大家轻松的空间场地非常重要。

2.有一个让所有人都愿意讲话的主持人，值得一提的是这里讲的主持人不是引导性的，他不需要最会讲话，而是需要让参与者讲话。

3.会议开始时，让大家一起参与一个具有破冰效果的活动，可以是自我介绍等。

4.多一些小组讨论的安排，让大家尽快熟悉起来。

四、开放式空间——参与式讨论会议的主要形式

开放空间是参与式讨论会议的主要形式之一，是 20世纪80年代由美国学者哈里森·欧文设计出的一种有效开会、民主协商讨论的开会形式。开放意味着没有设定的答案，抱着开放的心态勇敢地提出自己的看法，倾听别人的想法。近年来，随着开放空间理念和做法被引入我国，越来越多的社区通过开放空间的形式来调动居民参与、民主讨论协商社区公共事务。

开放式空间有以下几个步骤：[1]

1. 会议准备阶段

主要是确定会议讨论议题，如针对某小区空闲地下室的改造利用，确定利益相关方参会人员，如业主、街道办、居委会、开发商、规划局等；进行会场布置，一般需要一个适宜面积的、备有活动桌椅的会议室，座位摆成椭圆形，四周墙上挂上会议规则挂图，提供彩笔、硬纸、记录本、粘布墙、话筒、茶点、电脑打印机等备用物品及设备。

2. 会议进行阶段

开放空间一般先由主持人介绍开放空间的开会规则以及召开会议的背景和要求。然后进入开启讨论阶段，通过自我介绍或主持人介绍或互动游戏让参会者相互认识。接着是提出“我的题目”环节，要求参加者写出自己关于议题的观点，形成“题目集市”，如有的提出希望将地下室改造成乒乓球室、有的提出将地下室改造成棋牌室、有的提出将地下室作为锻炼跳舞的场地等等，持相同观点的组员形成不同的小组，选出小组主持人、记录人、汇报人，开展小组讨论，进入小组讨论阶段，组员集思广益，阐述论证、归纳总结本组提议的理由。经过充分讨论后，每个小组汇报分享本组的讨论结果。之后进入达成共识阶段，给每人发三个贴点，由大家用贴点投票选择自己支持并愿意做贡献的议题，按照得票多少，集中形成3–5个题目。之后是制定行动计划阶段，组成行动小组，制定具体的工作计划，发现可以利用的已有资源，并寻求外来援助满足需求。

3. 会后落实阶段

一项具体的居民参与公共事务活动并不能仅靠一两次开放空间会议就可以完成，还需要会后具体落实，甚至还需要根据情况的变化，重新征求居民意见，调整工作方案。

开放空间不仅仅是一种开会的技术流程，更是一种相信居民、动员居民参与的新理念。它强调每个人都有平等的机会与平台说出自己的观点，找到志同道合的同路人，为自己的热情负责、为自己的观点负责，为解决社区问题贡献自己的力量，而不是只是提问者、质疑者、旁观者。

---

① 宋庆华主编．沟通与协商：促进城市社区建设公共参与的六种方法[M]．北京：中国社会出版社，2012:19–44.

开放空间会议案例

北京协作者在东风地区开展社区环境共治开放空间活动[①]

2016年12月30日上午，北京协作者在东风石佛营东里社区开展社区环境共治开放空间活动，来自石佛营东里社区的商户、志愿者及社区工作者40余人参与，共同就社区环境存在的问题进行讨论，并探索解决问题的思路和方向。中国青年政治学院社会工作学院孙莹教授受邀作为会议主持人。活动采取异质性分组方式，将商户、志愿者、社区工作者均匀分配在各组，促进不同群体间的沟通、协商与了解，从不同视角表达对社区环境问题的关注。

组内分工与取名

在主持人的动员下，各组进行内部分工，确定组长、记录员、汇报员、观察员、自由人，并取一个组名。由于异质性分组，组内成员彼此不熟悉，很多成员不愿意主动参与，主持人走到小组中鼓励和支持，渐渐地一些组员开始承担起带动小组参与的角色，各组基本都完成了分工。“我们叫连心组！”“这里有一个连心组，心连心。”主持人大声宣布。“我们是暖心组。”很快好人组、同心组、社工组也都确定了。

社区环境共治主题研讨

组员在每张小卡片上写下一个社区环境存在的问题，每人写3个，之后将组内相似的问题进行归纳并排序。针对提出的问题，讨论解决方案，并将卡片粘贴在海报纸上。经过近一个小时的讨论，各组有了不错的成果。

讨论成果展示

“暖心组，暖心为民，情暖社区！”组员集体亮相，喊出小组口号，汇报员介绍小组讨论的问题及解决方案，“我们讨论的问题主要有，社区卫生方面，楼上乱扔垃圾、店铺门口垃圾多，停车方面，小区乱停车，128院停车占用消防通道，办证大厅门口停车影响居民出入，131号院居民

① 北京协作者社会工作发展中心．北京协作者在东风地区开展社区环境共治开放空间活动[EB/OL]. 北京协作者网,2016-12-30.

私搭车棚。”“我们的解决方案有，社区志愿者积极参与作用，物业加强监督和管理，配备清扫人员定期打扫。希望政府关心、居民参与，一起解决。”5个组均汇报了讨论的问题及解决方案。

总结

“从开始进来不知道要做什么，到现在出来这些东西，真不敢相信”，参与的志愿者感慨。主持人对各组的展示进行总结和梳理，激励大家一起参与和改变。

第四节 利用互联网实现线上参与

※

随着人们生活方式的网络化，手机、互联网成为人们相互交流沟通的重要有效工具，也为居民参与提供了新的途径和方式。掌上社区、互联网+社区越来越多地走进居民生活。互联网具有的快捷、高效、方便等互动优势，大大方便了年轻上班族利用零星时间参与社区事务。

一、居民通过互联网参与社区的内容

居民通过互联网可以参与多项社区活动。

一是参与社区公共空间的规划建议。目前在我国台湾地区及北京、成都、上海、江苏等地开展的社区营造活动，着眼于引导居民对社区公共空间的规划和改造提出建议和意见。如2017年清华大学课题组在北京"清河实验"中，采用新媒体技术，利用微信公众号，基于在线地图数据平台，民众可以在地图上点出需要反映的问题类型，表达自己的想法和建议，实现了政府、公众、规划师的信息共享、便捷沟通，实现了参与式社区规划。①

---

① 陈宇琳，等．城镇化转型背景下城市规划的公众参与途径研究——基于北京市"清河实验"的探索[C]//2018 年中国社会学年会创新社会治理与基层社区建设论文集，53.

二是参与社区服务的享受及提供。社区及社会组织通过网络提前发布群公告、群通知，向居民预告各类社区活动时间、地点、名额，居民在网上报名参与活动。

三是参与社区事务的协商调解。将多个相关利益方纳入微信群，交流各自观点，提出各自要求主张。如南京市鼓楼区天正和鸣社区通过微信群进行线上协商，解决了烧烤店油烟扰民问题。社区干部将烧烤店老板、环保局工作人员、居民拉入微信群，形成政府部门、社区、辖区商户、居民的线上线下协商形式，督促店家安装了空气净化器，解决了烧烤店油烟扰民问题。

二、居民通过互联网参与社区的形式

一是建立微信群。通过建立社区微信群、小区微信群，居民向街道社区、社会组织反映日常生活中遇到的问题，社会组织、社区向居民发布活动通知。如南京市建邺区实施微心愿活动，在社区微信群中公布居民提出的微心愿需求，号召有条件的居民认领微心愿，实现邻里互帮互助。二是建立公众号。定期公布报道街道社区开展的各项服务，引导居民关注社区公共事务。三是建立开放社区论坛。方便居民交流日常生活，围绕同一主题参与讨论。

三、居民通过互联网参与社区需注意的问题

首先应帮助老年人适应互联网时代的参与特点。关注不善于、不习惯使用手机微信、电脑互联网的老年人，对他们进行手机、电脑的培训和辅导，让他们分享互联网技术带来的生活便利。同时保留传统的参与渠道，如社区办公电话、投诉电话等，社区干部上门走访征集意见。

二是要注意将线上参与和线下参与相结合。通过在街道社区核心地带开展宣传以及社区小区入门处张贴海报等方式，扩大宣传效果，方便不擅长使用现代通信网络工具的老年人参与社区活动。防止仅停留在线上议论，网络仅仅提供了人们沟通信息、讨论问题的新方式，并不能代替线下

参与。必要时，需要召开线下面对面的座谈会、协商会，推进问题得到实际解决。

三要注意引导网上社区舆论。对微信群进行严格管理，防止网络空间成为牢骚吐嘈甚至漫骂攻击的负能量聚集地。

线上居民参与案例

南京市鼓楼区新门口社区“2+2”线上线下互动工作法[1]

南京市鼓楼区中央门街道新门口社区从2016年起经过逐步实践，形成了两个“1+1”工作方法，搭建线上、线下参与平台，引导居民关心身边人、关注身边事，做社区事务的参与者、决策者，探索社区协商、社区治理的新渠道。

第一个“1+1”是指“线下网格生活会+线上网格微信群”，构建居民参与社区事务的平台。通过线下网格生活会，选出责任心强、公益心强的居民担任单元长，协商讨论“为民办实事资金”的意见征询和项目推进。通过线上网格微信群，以网格片区为单位，以网格社工为群主，以“及时了解社区活动，随时连线社区主任”为关键词，邀请居民扫码进群。开展线上讨论，接受办理线上投诉。

第二个“1+1”是指“线下老姜工作室轮值居民+线上微信轮值居民”，组成参与社区事务的主体。1是线下轮值居民。2011年9月，社区挂牌成立“老姜工作室”，邀请线下轮值居民通过实地走访采集社情民意、和社区干部一道看望特殊困难群众、协助社工接待居民。另一个1是线上微信轮值居民。通过线上采集民意，发布信息、引导议题、反馈消息。通过线上线下互动工作法，使居民问题的处理更加及时，居民参与社区活动更加积极，线上问题线下推进，让居民的诉求有回应，推进了居民自治，激发了居民社区参与。

① 南京市鼓楼区中央门街道办事处.“2+2”线上线下互动工作法[R]// 社区协商典型案例汇编,2017:4-5.

第九章

社区志愿服务项目

实施以项目为中心的社区志愿服务，有助于进一步提高社区志愿服务的效能、推动社区志愿服务长效化发展。同时，以项目为中心开展社区志愿服务，有利于克服单独、零散的志愿服务带来的碎片化和低成效。近年来，随着社区志愿服务的不断发展，社区志愿服务逐渐以项目的形式呈现。社区志愿者有必要学习掌握项目的策划、撰写、实施及评估的方法。本章首先介绍社区志愿服务项目基本概念，然后从社区问题与需求调查、服务项目的制定与优选、服务项目的实施与管理、服务项目的评估四个部分，具体论述一个完整的社区志愿服务项目的组成，以便更好地规划和实施社区志愿服务。

第一节　社区志愿服务项目概述

※

一、社区志愿服务项目的概念

（一）什么是项目

美国项目管理协会认为，项目是为提供某项独特的产品、服务或成果所做的临时性努力。[①]项目是在一定时间内，为了达到特定目标而将一系列资源调集组合起来开展的一系列相关活动。本书中的项目是指一系列独特的并相互关联的、有着明确的目标或目的的活动，这些活动必须在特定的时间、预算、资源限定内，依据一定的规范完成。

由此可以看出，项目通常有以下基本特征：

1. 项目具有明确的目的性，项目运行是为了实现一个或一组特定目标，即一个期望的结果或产出；

2. 项目受到预算、时间和资源的限制；

3. 项目具有一定的复杂性；

4. 项目以客户为中心。

①[美] 项目管理协会 . 项目管理知识体系指南 [M]. 卢有杰 , 王勇 , 译 . 北京 : 电子工业出版社 ,2018:9.

（二）什么是社区志愿服务项目

社区志愿服务项目就是指社区志愿服务以项目模式运营，考虑时间、预算、资源的限制，明确志愿服务活动的目标，制定活动的规范，并以此为依据完成的一系列活动。社区志愿服务项目由志愿者参与，旨在服务社区居民、解决社区问题、促进社区进步，是公益性的非营利性项目。

社区志愿服务项目具有一定的特殊性。社区志愿服务项目的资金来源以外部资助为主，项目的执行要通过完成一系列相互关联的任务，并按一定的顺序完成，以便达到项目预定的目标。例如，一个扫盲志愿服务项目需要完成编写教材、确定教室、授课、学习、测验等一系列相互关联的任务。另外，社区志愿服务项目的社会效益大于经济效益。

（三）社区志愿服务项目的特征

一般来说，社区志愿服务项目具有以下基本特征：①

1. 公益性

社区志愿服务项目是为解决某种社会问题、满足人群某种需要而设立的，具有利他性和非营利的公益性质。它的服务对象以贫困和社会困难群体为主。

2. 社会性

社区志愿活动需要投入必要的社会资源，所需资源具有公共性、多样性和广泛性的特征，其中核心的资源是志愿者和社区的参与。

3. 发展性

社区志愿服务项目是为实现公益目标而组织实施的系列活动，活动的参与者是来自项目的服务目标群体、社区成员和志愿者，且在项目实施过程中得到能力建设、人力资源和社会资本的发展，最终使得项目具有可复制性、可传播性和可持续性。

4. 服务性

社区志愿服务项目的本质是为了服务社会中的困难群体。志愿者提供服务帮助服务对象，使其获得正向改变。

---

① 北京惠泽人咨询服务中心编 . 志愿服务项目管理——学习与应用手册 .2011.

5. 目的性

社区志愿服务的日常运作是重复的、无期限的、稳定的资源需求的长期重复性活动；而社区志愿服务项目则是独特的、有限定时间、能适应多变的资源需求、以目标成果为导向、服务对象参与较多的计划。社区志愿服务项目寻求服务目标的达成。

二、社区志愿服务项目与社区志愿服务方案的关系

（一）什么是社区志愿服务方案

所谓方案，通常是指针对工作或某一问题制定的，从目的、要求、方式、方法、进度等方面所部署的具体、周密并有很强可操作性的计划。服务方案是服务提供方围绕自身的服务理念，为开展实务服务设计的一系列整体筹划和具体安排，体现了服务人员在其服务支持条件下，对服务受众、服务内容的权衡和实现。服务方案设计在志愿服务开展中具有相当重要的地位，从统筹全局的角度出发，设立微观灵活的安排。[①]

社区志愿服务方案是指在提供社区志愿服务之前，对将要开展的工作进行统筹规划，把现有资源状况与想要达成的目标结合起来，制定出在志愿服务过程中具有指导意义的切实可行的计划。

（二）社区志愿服务项目与社区志愿服务方案的区别与联系

目前学术界对社区志愿服务项目与社区志愿服务方案没有严格的区分。在中国内地（大陆）对志愿服务实施项目化管理以后，习惯称大型志愿服务为志愿服务项目。而在中国香港及台湾地区则习惯称为志愿服务方案。

而根据前文的概念与定义，可以发现社区志愿服务项目和社区志愿服务方案既有共同点，又有差别。

两者的共同点表现在：两者都有明确的目标，都是目的性导向，都是为了满足志愿服务的目标群体的需求；都是以志愿服务对象为中心；两者都具有公益性，都不以盈利为目的；两者都是完成社区志愿服务的有效方式和载体；两者都具有一定的时间限制。

① 曹志刚 . 城市社区综合服务中心：服务理念与服务方案 [J]. 社会工作 ,2015(2).

而两者的区别在于，社区志愿服务方案通常是用于规范志愿服务的具体行动，具有更强的微观性和可操作性。而社区志愿服务项目是针对某一具体问题提出的一系列行动计划。一个社区志愿服务项目可能由多个社区志愿服务方案组成。

例如，某社区针对社区内老年人居家养老问题，拟实施“银发乐园——社区居家养老服务建设”项目，其中包括“梨园戏正好——社区老年曲艺班”“邻里常来坐——社区独居老人上门关怀志愿服务方案”“还来就菊花——重阳节赏菊服务方案”等具体服务方案。

三、社区志愿服务项目书的组成

撰写社区志愿服务项目书是开展社区志愿服务项目的基础，因此，必须了解项目书的组成部分。一个完整的社区志愿服务项目，需要包括以下几方面内容：

1. 项目名称

社区志愿服务项目首先应该确定项目的名称。服务项目的名称要简单明了、富含寓意，能够鲜明地反映出项目的内容和形式，同时能够吸引人们的关注和兴趣。项目名称不要千篇一律，应具有创新和独特性，字数不宜过多，比如“寸草春晖”为老服务项目、“救在身边”应急志愿服务。同时，如果一个题目还不能清楚地表述项目，还可以运用副标题形式，进一步补充主标题未能表达的内容。也可以用主标题表示偏感性的内容，副标题表示活动形式等其他信息。如“失独者之家——失独老人紧急救助服务项目”。

2. 指导思想

中宣部规定，社区志愿服务活动不能违背“奉献、友爱、互助、进步”的志愿精神，必须有明确的指导思想。社区志愿服务需要把开展志愿服务与创新社区治理结合起来，大力培育和践行社会主义核心价值观，关心困难群众，建立完善长效工作机制和活动运行机制，推进社区志愿服务制度化，促进社区志愿服务常态化[①]。因此，在设计志愿服务项目时，需要

① 社区志愿服务方案 [EB/OL].http://www.wenming.cn/zyfw_298/yw_zyfw/201403/t20140319_1814558.shtml,2014-03-19.

有明确的指导思想。

3. 理念和理论

对于专业化程度较高的志愿服务项目，在开展具体活动时都需要运用一定的理论说明项目设计的科学依据。因此，为了使实践模式和以往经验能够支持活动的有效性，可以在项目中写明理论依据，以体现活动的基本理念和关怀。但对于理论运用较为困难的志愿者服务团队则可以将此部分进行一定的简略。

4. 服务目标

即希望通过本次服务达到的具体目标。志愿服务目标应根据对社区居民需求的调查了解来确定。目标包括宏观的定性描述的目标以及微观的用数字呈现的定量的目标。服务目标在设定时一定要注意简洁易懂、直观和可量化。

5. 服务对象和服务范围

社区志愿服务项目需要指明项目的具体的服务对象和服务范围。

服务对象是指该项目服务的目标群体，即针对的直接服务对象是哪些人。社区志愿服务一般面对的是贫困或社会困难群众，比如独居老人、遭受家庭暴力的妇女儿童、低保户、失业人员、失独家庭等。服务对象可以从自然条件如年龄、性别、身体状况等生理特征和社会条件如收入、职业、户籍等社会特征两方面加以明确，通过描述服务对象的特征来确定服务对象，开展志愿服务活动。如果资源有限，则需说明服务的人数限制。如果项目需要招募服务对象的话，可以简明地公布报名办法、截止时间和报名要求。

服务范围是提供的志愿服务的具体内容，如就业援助、贫困帮扶、居家养老服务、青少年活动、家庭紧急救助、计划生育、社区矫治、文化娱乐、科学普及、法律援助等。项目书应明确本项目为服务对象开展哪些方面的具体服务内容。

6. 活动的时间地点

服务项目中应包括活动举行的时间、地点以及活动的时长。同时也需要注明天气变化等因素影响下应变的时间地点及活动。

活动的时间地点是具体的实施行动安排，通常以时间进度表的形式出现，如表9-1。也可以以甘特图、普通列表等形式出现。

表9-1 ××社区老年志愿服务时间进度表

项目活动	时间进度（××××年×月）											
	1月	2月	3月	4月	5月	6月	7月	8月	9月	10月	11月	12月
活动1 需求调查	●		☆									
活动2 志愿者培训				●	☆							
活动3 志愿者入户慰问独居老人						●		⇨	⇨			

●：表示活动起点　☆：表示完成　⇨：表示进行中

7. 紧急情况预案

紧急情况预案制定通常也称为风险管理。社区志愿服务项目在制定时，就应考虑在服务实施过程中可能发生的紧急情况，并对此进行预估，制定详细的对策，做出处置预案。例如，在针对老年人设计活动时，必须要考虑老人的活动量、活动时长要与老年人身体承受程度相适应。举行远足、登山等体力消耗较大的活动时，需要考虑参与人员受伤或中暑的情况，可以邀请社区医院医生全程参与活动，为可能需要时做好医疗服务准备等。

8. 人员配备与培训

人员配备与培训也称为人力安排，是指计划需要的志愿者的人数、他们的知识、知识能力结构、年龄、性别结构等。由于社区志愿者群体具有来源多样性的特征，因此，在制定社区志愿服务项目时，需要考虑志愿者队伍的建设与培训，需要用专业知识武装每一位参与社区志愿服务的志愿者，对他们进行教育和培训，以便提供更高效专业的志愿服务，如对上门开展老年人精神慰藉活动的志愿者，要为志愿者培训有关老年人生理、心理特点的知识。

9. 经费预算

项目书中还应包括实施项目的经费预算，一般包括人力成本（主要包括志愿者交通补贴、伙食补贴）、物资成本（主要是活动中需要的交通费用、办公用品、开展活动的工具、奖品奖状证书、宣传用品等）。

10. 评估

服务项目计划还包括项目最终的评估方法。为保证项目完成后，能清晰地评价项目是否取得了预期成效，必须在设计项目时，就将评估的方式方法设计完整。评估既是为了检验服务项目是否取得预期的成效，又是为了对服务对象、捐赠者、政府以及社会公众有所交代，同时，评估还有助于总结服务的经验和不足，为今后开展志愿服务积累经验。

要检验一个服务项目是否有效，需要对服务项目进行一定的评估，主要分为过程评估和结果评估，即对服务过程的评估以及服务项目目标达成情况的评估。

在具体撰写过程中，应根据实际情况调整项目计划书的结构。如参加政府购买项目投标中，对项目书会有严格的规范和现成的格式要求，需要根据实际要求进行撰写。

四、社区志愿服务项目主要阶段

社区志愿服务项目可以分为以下四个阶段：社区问题和需求调查阶段、服务项目的决策与制定阶段、服务项目的实施与管理阶段、服务项目的评估阶段。接下来将按照这四个阶段详细阐述社区志愿服务项目各个阶段的主要工作任务和内容。

社区志愿服务项目书示例

银龄之家——创建A社区居家养老生活中心项目书

一、项目目标

让不健康的老人变得健康，让健康的老人变得更快乐！在A社区为老年人打造一个老有所学、老有所乐、老有所医、老有所养的老年人居家养老综合服务中心；发掘、建立一支老年志愿者队伍，让老年人既作为社区服务的对象享受服务，又作为志愿者获得被他人需要的快乐。

二、服务宗旨

听老人最想说的话，当老人最贴心的人，做老人最想做的事，想老人最关心的问题，打造居家养老新平台。

三、服务对象

A社区年满55周岁的女性以及年满60周岁的男性。

四、实施地点和时间

实施场地：A社区居家养老服务站

项目周期：2017年8月至2018年7月

五、项目进度安排

项目初期（2017年8月）：开展前期的准备及宣传工作，进行志愿者的招募、培训，A社区兴趣小组人才的挖掘等，为后一阶段各项服务打下良好基础。

项目中期（2017年9月至2018年5月）：具体实施项目各活动内容。同时根据项目实施的具体情况，对项目进行调整、评估、反思，以保证后期项目更有效地进行。

项目后期（2018年6月至7月）：对服务项目进行自我评估和回顾，对于未完成的服务目标进行跟进和调整，准备和整理评估材料，对于服务成果进行收集归档和展示。

六、项目内容

1.老年课堂

为老年人提供参与学习、让晚年生活更美好的平台，社区居家养老服务站将根据老人的兴趣爱好组建兴趣班，如合唱班、舞蹈班、瑜伽班、书法班等，由社区服务中心提供学习场地与师资，各兴趣班根据具体情况决定是否收费以及如何收费。

老年课堂具体活动及频次

活动项目	活动时间	活动频次
手工坊	2017年9月－2018年5月	每周一次
合唱班	2017年9月－2018年5月	每周两次
舞蹈队	2017年9月－2018年5月	每周一次
瑜伽、太极队	2017年9月－2018年5月	每周一次
养生操	2017年9月－2018年5月	每周一次
书法班	2017年9月－2018年5月	每周一次
棋牌吧	2017年9月－2018年5月	每天开放

2.走近自然

养身先养心，旅游养心情。旅游、外出可以让老年人身心放松。故居家养老服务站根据老人的身体状况和需求适当组织老人外出活动。

时间：2017年9月－2018年5月

活动频次：一月一次

3.闲话家常

A社区老人群体规模较大，其中空巢、独居、高龄等老人数量不少。组织子女不常在身边但有兴趣参与的老人，定期举行茶话会，闲话家常。同时针对行动不便的老人，开展上门服务，每周与老人们聊聊天，为老人排解寂寞。

时间：2017年9月－2018年5月

活动频次：一周一次

4.健康保障

A社区老人群体规模较大，多数老年人存在助医需求。社区距离医院较远，老人日常保健需求难以满足，所以推出社区健康站，提供基础的医疗保健服务。

（1）定期开展保健养生相关的健康知识讲座，活动频次一月一次；

（2）与医院取得合作，定期组织医疗人员前来社区义诊，活动频次一月一次；

（3）每周都在邻里中心设点为老人提供测量血糖血压的服务，活动频次一周一次；

（4）设立社区康复室，购置基本的康复工具，为有需要的老人提供简单康复训练。

时间：2017年9月-2018年5月

5.爱心食堂

为社区内高龄、独居、空巢、残疾、低保、行动不便等老人提供助餐服务，在社区设立爱心食堂，符合条件的老人可以享受爱心午餐，解决温饱问题，让老人们不用担心“吃什么”。

6.志愿队伍

通过“时间银行”形式，建立一支志愿者队伍。发掘社区内的老年志愿者，有能力、有意愿为社区、为居民提供志愿服务的老年人，组成社区志愿者队伍。对志愿者进行培训。同时给予志愿者一定的奖励，鼓励更多人参与社区志愿服务。

时间：2017年9月-2018年5月

七、风险预计与防控措施

1.每个老人都或多或少存在一些老年病，在开展活动的时候，会出现活动内容与老人身体状况不相符的情况。

防控措施：进行前期需求调查和老人身体状况调查，根据老人的自身情况与兴趣，为老人提供量身定做的娱乐养老活动。

2.志愿者队伍参与积极性很难调动与维持。

防控措施：让他们参与到活动的策划与决策上来，使其有强烈的融入感与参与感。

八、资金预算

	支出明细	金额（万元）
申请资金预算支出明细	社会服务支出（直接用于受益对象和社会服务活动的预算）	4.2
	（1）宣传费用	0.5
	（2）传统活动、月主题会、交流会、日常活动等费用	2
	（3）各兴趣团体活动费用	1.5
	（4）其他不可预见性费用	0.2
	活动物资、项目管理费用等支出（含项目人员、志愿者补贴，办公行政等）	5.8
	（1）社工支出	5
	（2）志愿者补贴	0.8
	合　计（请务必保证计算准确，如有偏差后果自负）	10

九、人员配备

社区居家养老服务站2名社工为主要专职工作人员，南京某高校大学志愿者20人，居民志愿者20人，保健医生志愿者2人。

第二节　社区问题与需求调查

※

社区志愿服务必须基于社区的实地情况与实际需求。无论是何种类型或内容的社区志愿服务项目，都必须考虑社区的需求。只有深入社区实施地、切实了解社区的具体情况以及居民对于志愿服务的需求，在设计社区志愿服务项目时才能更加具有针对性，才能提高社区居民对于志愿服务的参与度和满意度，才能设计出适宜的项目。因此，在撰写项目书前，首先需要进行社区问题与需求调查。

一、社区调查的内容

（一）探索社区背景

要想全面深入地分析、认识社区，必须要对社区背景有深入的了解。因此，在对社区进行社区问题与需求调查前，需要进行社区背景探索，初步了解社区属于哪种类型。不同的社区类型，其居民人口构成、价值观念、管理体制、产业结构等也不相同，从而其社区需求与社区问题也不相同。我国城市社区的主要类型有商品房社区、单位型社区、老旧小区、经济适用房社区、拆迁安置房社区、村转居社区。农村社区按其产业类型，主要有农业型社区、牧业型社区、渔业型社区、林业型社区、工商业型社区、旅游型社区等。

对社区背景的了解主要包括以下内容[①]：

1. 社区的基本情况

社区居民的人口及其成分：人口的规模和流动状况、人口的年龄比例和分布以及家庭的规模和类型、民族状况等。

住房状况：住房的结构、类型，设施的配套情况，人均居住面积等。

就业情况：就业的人数和职业类别，失业的人数，双薪家庭、单薪家庭、双失业家庭的数量等。

社区的地理环境、交通：面积、位置、行政区划、交通设施及道路状况。

社区的基础设施与资源状况：电力、供水、排水、卫生、照明等设施，邮电、通讯、学校、娱乐场所及其满足社区居民需要的状况。

社会服务：医疗保健、教育、社会福利服务等。

社区的历史、经济、政治、文化传统：小区的历史、曾经有过的重要事件及其影响、社会舆论和风俗习惯等。

价值观念：社区中居民的态度、遵守的规范、参与社区的意愿和行为等。

2. 社区居民及团体的关系与权力结构

社区机构和组织：政治经济和其他特定团体的规模和作用发挥。

社区权力分配和领导：居民个人或团体的政治参与、对政府决策的影响等。

3. 社区问题和社区需要

社区问题：存在于社区中，对社区居民生活有不良影响的事件或问题。

社区需要：在以上这些方面还有哪些不足的地方。

对社区需求及社区问题的调查分析，既是设计社区志愿服务项目的前提，也会对日后开展社区志愿服务有很大帮助。以下进行详细分析。

---

① 徐永祥主编．社区工作 [M]. 北京：高等教育出版社，2014:171-172.

（二）调查社区需求及问题

人必须满足各种需求才能正常地生活。需求是指人生命过程中的某种缺乏状态，因此，弱势群体或普通居民渴望而又未能满足的方面就成为志愿服务的目标和方向。社区需求分析是开展社区工作的基础。不同的社区居民常常有不同的需求特征，需要开展不同的社区志愿服务。根据服务的人群，社区有老年人需求、儿童青少年需求、残疾人需求、单亲妈妈需求、普通居民需求等。根据需求的内容，需求可分为生理性需求如对医疗、康复服务的需求；情感性需求如对肯定、赞扬、人际交往等的需求；物质性需求如对吃穿住用行等的需求。需求分析有多种理论和方法。常见的有心理学家马斯洛的需求层次论，将人的需要从低层到高层分为生理需要、安全需要、归属与爱的需要、尊重的需要、自我实现的需要。较为常见的方法是英国学者布雷德肖1972年提出的四种需要类型。

表9-2　布雷德肖社区需求分类①

需求类型	定义	示例	方法
感觉性需求	社区居民或服务对象感受到或意识到，并用言语表述出来的需要。	如走访居民时，居民反映，宠物狗在电梯及小区道路随地大小便，希望开展文明养犬劝导志愿服务。	与居民交流、访谈、开座谈会
表达性需求	社区居民或服务对象把自身的感觉通过行动表达出来的需要。	如开展义诊时，村民要排长队等待很长时间，说明社区需要更多的医疗志愿服务。	社区漫步、用心观察
规范性需求	指由专家学者、专业人士、政府行政官员评估而决定的需求。	如根据民政部门要求，志愿者人数应占居民总人数的13%以上，若未达到，则有此需求。	收集专家意见、政府文件
比较性需求	指社区居民或服务对象将所得到的服务与其他类似社区进行比较，而认为有所差别的需求。	如居民发现邻近社区每月有免费维修、磨刀、修伞等便民服务，而自己社区没有，就产生了比较性需求。	与居民交流、访谈、开座谈会

① 表中定义见全国社会工作者职业水平考试教材编写组编写．社会工作实务・中级[M]. 北京：中国社会出版社，2015:333-334.

社区问题与社区需求紧密相关，当社区中大多数人的某些需求得不到满足时就会形成社区问题。社区问题会对社区居民生活带来不良影响。社区问题可以分为社区内共同性问题和社区内群体性问题。所谓共同性问题是指社区所有居民都卷入其中，带有明显的“集体性”。如小区保安松懈导致居民家中被盗，居民的安全需求得不到保障就构成了社区环境问题。社区内群体性问题包括社区中的老年人、青少年、妇女、残疾人、失业者、贫困者和低收入者等群体。[①]如社区独居老人身边无人照顾带来独居老人的生活安全问题。

（三）调查社区资源

对于社区调查，不能仅仅从需求与问题的视角出发，只是聚焦于社区中的缺乏与不足，而且应当关注社区已有的资源禀赋和条件，利用、调动已有资源，提升社区自主解决问题的能力。社区资源有以下三大类：一是人力资源，包括社区中所有的个人的体力、技术、智慧、助人意愿以及人际关系等。二是物力资源，主要是可用于社区服务的场地、设备。三是财力资源，主要是社区服务所需要的经费，一般有政府支持、社会捐助和服务收费三个来源。[②]

根据资源是否属于社区来划分，社区的资源可以包括社区内资源和社区外资源，社区内部资源是指本社区范围内社区组织和辖区单位的人、财、物资源；社区外部资源是指社区外的各类组织和人群所拥有的人、财、物资源。根据资源是来自政府、机构等正式组织还是来自民间来区分，社区的资源可分为正式资源如政府的各项补助救助政策和非正式资源如志愿者、社区邻里互助资源。可以运用社区资源表来梳理社区资源。

① 全国社会工作者职业水平考试教材编写组编写．社会工作实务·中级[M]．北京：中国社会出版社，2015:333.

② 全国社会工作者职业水平考试教材编写组编写．社会工作综合能力·中级[M]．北京：中国社会出版社，2015:250.

表9-3　社区资源的种类[1]

	社区内部资源		社区外部资源	
	正式资源	非正式资源	正式资源	非正式资源
人力资源				
物力资源				
财力资源				

二、社区调查的方法

收集资料、进行社区调查，通常可以采用以下几种方法[2]。

（一）文献分析方法

一般来说可以通过查阅四个方面的资料，丰富对社区的认识，了解社区可能存在的服务需求。即人口普查数据、地方志及政府的相关资料、社区机构原始记录资料、媒体报道和评论、其他个人或团体资料。

人口普查数据：获得社区人口的年龄、性别、家庭结构、就业等基本信息。

地方志及政府的相关资料：从地方志、地图、资料手册、政府资料中获得对社区的了解。

社区机构原始记录资料：社区前任领导的工作记录、讲话、工作计划和总结等，可以了解以前开展的服务和尚未开展的服务。

媒体报道、个人或团体资料：通过查阅报纸报道可以了解社区的重大活动和重大事件，而个案访谈记录、团体座谈资料也是发现社区需求的好方法。

文献分析法的优点在于节省时间和金钱，能为需求调研提供较为宏观的数据。而它的缺点是由于现有的数据和文献针对的并不是此次需求调研，往往不能完全符合项目的具体要求，细节和针对性较弱。

---

① 全国社会工作者职业水平考试教材编写组编写．社会工作综合能力・中级 [M]. 北京：中国社会出版社，2008:250.

② 徐永祥主编．社区工作 [M]. 北京：高等教育出版社，2014:172-174.

（二）观察法

观察法是调查者运用自己的感觉器官或借助一定观察工具，对社会现象进行直接感知的方法。根据观察者角色的不同，观察法可分为参与式观察和非参与式观察。

参与式观察也称局内观察，指的是观察者参与被观察者的各项活动中，作为“局内人”同被观察者打成一片，去试图理解观察对象对某一社会问题的看法或背后的意义建构。观察者参与社区日常活动，并积极地与居民进行对话，是参与式观察常用的方法。

非参与式观察指的是参与者不参与被观察的群体，完全以一个局外人或是旁观者的身份出现，力图避免观察者这个“外人”的出现对于目标群体行为表现的影响。可以到小区广场、街心公园、商店等人们经常聚集的活动场所，通过近距离观察其行为方式，了解真实的社区生活状态。非参与式观察法的优点在于它直观、可靠、简单易行，社区居民的状态不会因为观察者的出现而改变。

（三）访问法

访问法，又称为访谈法。一般是指以口头方式，针对社区中部分有代表性的人物收集资料。适用于较大型且较难进行家庭普查的社区。运用访问法，通过面对面的谈话，能比较深入地了解社区的需要，而且较容易与受访者建立关系。但是，访谈法具有一定的主观性，且访问法需要花费大量的人力、财力和时间，访谈结束后通常会留下大量的文字或录音录像资料，后续的分析工作也较为复杂。且如果访问的对象过少，或代表性不足，则所得数据的参考价值就非常有限。

在选取访问对象时，可以从熟悉的人先开始，也可以从社区工作人员开始，访问结束后让他们推荐合适的受访对象。确定访问对象时必须注意受访者的年龄、性别、职业以及社会经济地位的分布，尽量涵盖不同层次的群体。运用推荐法进行访问时，可以向受访者提及推荐人是谁。访谈时如果能让受访者了解到你认为他是某个群体的代表，也较能引导受访者思考该群体对社区现状以及志愿服务需求的思考和意见。

（四）问卷法

问卷法是通过问卷对社区中的居民进行调查，了解他们对社区志愿服务的需求、态度与意见。它的优点是能大量地收集数据。对于较小型社区甚至可以通过普查的形式了解居民的社区需要。问卷调查的优点在于客观可靠，匿名性好，大量的问卷调查能对居民的需要有系统而全面的了解；而它的缺点则是这种方法要求调查者有社会调查的专业知识或是借助有关的专业人员，得到的资料才会比较可信。

第三节　服务项目的制定与优选

※

在对社区基本情况与社区需求及社区问题有了一定了解的基础上，针对社区问题和需求，可以确定志愿服务的目标，制定社区志愿服务项目，并从多个项目中优选出最合理的一个。

一、确定志愿服务目标

在对社区需求进行调查和分析后，需要将社区需求转化为明确的志愿服务目标，以便确定志愿服务项目。

（一）确定目标群体

在确定志愿服务目标之前，首先需要确定志愿服务的目标群体，即志愿服务的服务对象。

所谓目标群体，即志愿服务项目预计要服务的群体。由于项目的资源有限，志愿服务难以满足所有需求，所以需要对服务对象有所筛选，确定出真正的服务对象，只有符合被服务条件、愿意接受服务并且有机会参与的那部分人，才会成为最终的服务对象。在确定志愿服务目标之前，需要先确定服务对象的大致范围，是老年人、儿童、妇女还是残疾人。在此基础上，还需要对他们进行甄别。如在对社区进行调查的基础上，预计将开展针对社区内失业者职业技能培训的志愿服务，那些正处于待业状态、有职业技能培训需求并且愿意参加职业技能培训的人，才是你的目标群体。

（二）设定志愿服务目标的原则

Smart原则是确定目标中常见的原则，按此原则设定志愿服务目标，有利于为全体工作人员指明未来努力的方向，指引服务的方向，有利于项目结束后对服务成效进行评估，有利于对出资方、对公众做出交代。Smart原则（S= Specific、M= Measurable、A= Attainable、R= Relevant、T= Time-bound）认为：

1.服务目标必须是具体的（Specific）。目标应当是具体特定的指标，而不能是笼统抽象含糊的描述。

2.服务目标必须是可以衡量的（Measurable）。目标可以量化成可以测量的表达方式。如接受服务的人次、服务对象的满意度回访。

3.服务目标必须是可以达到的或可实现的（Attainable）。制定目标应当在全体工作人员共同协商的基础上，根据机构的各方面能力状况，确定一个通过努力可以达成的目标，避免设立过高或过低的目标。

4.服务目标是要与其他目标具有一定的相关性（Relevant）。目标的相关性是指实现此目标与其他目标的关联情况。

5.服务目标必须具有明确的截止期限（Time-bound）。订立的目标一定是有时间限制的，必须在一定的时间期限内完成。

（三）确定志愿服务目标

志愿服务项目需要明确服务的目的与目标。社区志愿服务的目的与目标都要求明确、便于理解和把握，对于服务的执行都具有指导和监督的性质。但是二者的性质仍有所不同，目的是指引服务的大体方向或理想状态，一般不大容易量化，着重于服务的效益且通常是较为长远的效果；而目标较为清楚且针对性强，偏向于量化的表达方式，重点是要说明服务项目最终的执行要达到何种程度或取得何种成果，更为具体且容易观察和测量。例如某助困服务项目的目的是提高困难家庭收入，其目标就是为多少数量的困难家庭增加多少收入或实现多少数量的人的就业[①]。

---

① 北京市民政局编．社区志愿服务项目化运作与管理——社会治理创新实践 [M]. 北京：中国社会出版社 ,2015:105.

在确定服务对象和服务目标的基础上，结合可行性和社区实际情况，同时兼顾志愿者需求和资源配置情况，制定志愿服务项目的服务目标。若不能完全确定，则可以用目标树的方式，先列出待解决的核心问题与需求，再对核心问题与需求进行分析，转化为可实现的目标。

总的来说，服务项目的服务目标是整个项目的核心和灵魂所在。若不能很好地制定目标，会使整个项目难以评估，项目的成效无法估计。没有明确的目标，投入再多的人力和财力资源，都有可能最终化为无用功。

二、撰写志愿服务项目书

在确定服务目标和服务对象并对社区有了一定了解的基础上，根据本章第一节所述项目书的组成部分，可以开始撰写服务项目书。

服务项目书的撰写，可以按照以下原则和步骤：

（一）确保以服务对象为中心

工作者不仅在确立服务目标时必须考虑服务对象的需要，而且在服务形式、内容、时间安排等方面都必须以服务对象为中心，在整个计划的制定中也需参考服务对象的背景，以提高服务的针对性和居民的参与率。在撰写社区服务项目书时，必须树立以服务对象为中心的意识。

（二）考虑不同方面的期望

服务项目在设定时，除了以服务对象为中心外，还需要考虑不同方面的要求如基层政府、街道社区、出资单位等。如与基金会、街道等合作的服务项目，通常会需要媒体报道，在项目撰写过程中也应将此考虑进去。在活动方式选择时，大多数情况下可能会倾向于采取较为缓和而非激烈的活动方式。

（三）评估资源时需要考虑多方面因素

除了社区环境、外部条件的因素，工作者也需要评估自身所拥有的人力、物力、财力以及可以动员的资源等，设计符合自身能力的志愿服务项目。

（四）制定初步项目计划

根据目标、资源和客观条件限制，工作者可以制定初步的服务项目计划。包括订立具体目标、对象、形式、活动的日程表等。

（五）评估项目的可行性

当大致的计划设想初步定出以后，下一个步骤便是对预计开展的各个活动的可行性做出比较，列出各自的优势与不足，也应该考虑其对资源的需要，然后对多个服务活动方案进行选择。

（六）确定具体服务项目

当基本的活动目标、形式被确立后，便是按照初步项目框架，详细地将执行内容列出。包括服务目标、对象、形式、日期、时间、场地、程序表、人力分配、资源要求、可能遇到的困难及解决的预案等。

（七）预期困难及解决方法

完整的服务项目要对可能出现的紧急情况有充分考量。工作者必须进一步全面评估其设计过程中是否有被忽略的某些因素，以及在推行过程中可能遇到的各项困难风险以及克服解决该问题的可行方法。此外，还需要随时根据实际情况的变化、发展，重新修订或调节某些流程。

三、服务项目的优选

这里的方案即指项目。为了满足服务方案的效率原则和风险回避原则，理想的方法应该是有若干服务方案供选择。通常根据两个标准：一是需求导向的，主要是根据需求变化的概率预测来确定业务量的高、中、低不同标准，分别设计相应的服务方案；二是资源约束为本的，主要是根据筹资可能性，分出高、中、低不同标准，设计相应的服务方案。备选方案设计出来后，根据效率原则和风险回避原则来选择最优方案。①

总之，一份好的服务项目，应该能够为志愿者按部就班地开展工作提供足够的指引。但必须注意的是程序并非一成不变，而应该随着环境的转变而不断更新。因此，项目在制定时必须保持高度的敏锐性和警觉性，去发现新的变化，重新进行调整部署。

① 徐永祥主编 . 社区工作 [M]. 北京 : 高等教育出版社 ,2014:112-113.

第四节 服务项目的实施与管理

※

撰写完服务项目书还只是纸上谈兵，服务还没有实际地开展，因此必须加以具体实施，进入项目的实施和管理阶段。社区志愿服务项目的实施是将项目书中的计划按照进度要求，一一进行落实执行。社区志愿服务项目的管理是依照社区志愿服务项目书，对项目进程中的各种问题进行计划、组织、领导和控制，利用已有资源，落实项目计划，以解决社区问题、满足社区居民服务需求，实现志愿服务项目所设定的目标。

一、项目管理的内容

项目管理的内容涵盖了目标管理、时间管理、成本管理、质量管理、团队管理、沟通管理、风险管理、财务管理、集成管理等内容。

（一）项目目标管理是为了实现项目的目标，对项目的工作内容进行控制的管理过程

它包括目标的界定、规划、调整等。社区志愿服务项目是以目标为中心的，在实施过程中必须树立服务目标意识，围绕目标开展活动，并根据实际情况，及时对服务做出规划和调整。

（二）项目时间管理是为了保证按时完成服务项目、合理分配资源、发挥最佳工作效率

它的主要工作包括具体活动界定、任务、活动排序、资源共享分配、监控项目进度等内容，确保项目按时间计划执行。在项目具体实施过程中，要根据外界环境的变化，如天气变化等，及时对项目时间做出调整。

（三）项目成本管理是为使项目成本控制在计划之内所做的预测、计划、控制、调整、核算、分析和考核等管理工作

项目成本管理就是要确保在批准的预算内完成该项目。志愿服务项目要按照项目计划书的资金预算进行成本管控，同时，要根据实施中的情况变化进行调整。

（四）项目质量管理是为了确保项目实现既定目标要求所实施的一系列管理过程

它包括质量规划、质量控制和质量保证等。在志愿服务项目中，对志愿者开展培训有助于提高服务质量。在服务过程中，可以由资深志愿者带领督导新进志愿者，帮助新进志愿者改进服务。

（五）项目团队管理是为了保证团队人员的能力和积极性都得到最有效的发挥和利用所做的一系列管理措施

它包括组织的规划、团队的建设、人员的选聘和项目的领导班子建设等一系列工作。在志愿服务项目中，团队管理主要包括志愿者队伍的组织、选拔、培训、考核、奖励等。

（六）项目沟通管理是为了确保项目的信息的合理收集和传输所需要实施的一系列措施

它包括沟通规划、信息传输和进度报告等。志愿服务项目也需要建立人员间的沟通方式和要求，通过个别沟通或召开会议的方式，汇报服务进展、沟通交流经验及遇到的困难和问题。

（七）项目风险管理涉及项目计划和实施、评估过程中可能遇到的各种不确定因素

它包括风险识别、风险量化、制定对策和风险控制等。志愿服务以弱势困难人群为主要服务对象，志愿者自身也需要自我保护，必须注意风险防控和预案准备，将风险的发生降低到最低程度。

（八）项目财务管理是为了针对所需资源或资金所采取的一系列管理措施

它包括资源采购、账目核算、票据管理、合同管理、补贴、税务、审计等。社区志愿服务项目由于本身特有的公益性，它的财务管理更需透明化、公开化。可以聘请专业人员进行财务管理。

（九）项目集成管理是指为确保项目各项工作能够有机地协调和配合所展开的综合性和全局性的管理工作和过程

它包括项目集成计划的制订、项目成果计划的实施、项目变动的总体控制等。志愿服务管理者需要将不同渠道形成的多种信息融合在一起，对项目进行总体的科学决策和行政管理。

每个社区志愿服务项目都有生命周期，通常包括项目开发阶段、计划阶段、实施阶段和结束阶段。社区志愿服务项目的管理，在此特指项目执行过程中的管理。在此重点介绍项目团队管理与项目风险管理。

二、项目团队管理

社区志愿服务项目的运营团队主要包括项目的决策者、执行者与志愿者三个部分。

项目的决策者通常是指项目的创立者和发起人。项目的决策者需要完成社区志愿服务项目制定前期对社区的调研与分析，并制定出完整的社区志愿服务项目。

项目的执行者是项目的具体实施者，需要将制定出的社区志愿服务项目变为现实，整合各方资源，达成社区志愿服务项目的目标。通常项目的决策者和执行者是同样的社会工作者。如果项目的决策者和执行者不是同一工作者或工作团队，则需要做好项目的交接。

项目的志愿者是为完成志愿服务目标而组成的团队，其核心特点是公益性、利他性、无报酬性、业余性和平等性。志愿者团队是志愿者完成志愿服务任务、获得服务经验和人际交往经验、获得志愿服务知识学习与技能培训的基地，因此志愿者团队建设是组织进行志愿者管理的重要部分。社区志愿服务项目的志愿者团队管理是项目团队管理的重中之重。

相对于日常服务而言，对志愿者在志愿服务项目中的服务周期、任务及其职责、投入的服务时间、服务质量等的要求更加具体化、专业化，对服务过程的要求也更加清晰，特别是对服务绩效的要求也更高。因此，在开展社区志愿服务项目过程中，项目的执行者需要了解和掌握应用项目管理思想，动员和激励志愿者有更多的承诺和时间投入。

志愿者团队管理主要包括以下几个步骤：[①]

（一）志愿者招募

根据社区志愿服务项目，确定需要招募什么样的志愿者、去哪里招募志愿者、如何宣传和动员志愿者。确定招募对象后，一般社区内都有积极分子，可以从动员社区积极分子开始，进行志愿者的招募和选拔。需要注意的是，志愿者具有公益性，但招募志愿者也不宜过多，需要招募的是与志愿服务项目匹配合适的志愿者。对于报名参加志愿者招募但未能入选的人员，对其通知选拔结果时一定要注意语言措辞，向其诚恳地表达尊重和感谢。对于选拔出的合适的志愿者，需要对其介绍说明志愿服务项目的具体内容，并与其签订志愿服务承诺书。

志愿者签署志愿服务承诺或签署志愿服务协议是志愿者投入志愿服务的重要步骤。志愿服务是志愿者服务社会的过程，也是志愿者社会学习的过程。志愿服务承诺书/协议书明确了志愿者的责权利，是志愿服务风险管理的基础。它不仅加强了志愿者的公民意识，而且也保护了志愿者的基本权利。

（二）志愿者培训

志愿者培训不仅仅是为了使志愿者满足服务项目实施的专业化需要，也是为了让志愿者通过志愿服务获得知识的增长与技能的学习，实现志愿者自身的价值，保护志愿者的基本权利。

志愿者培训的内容一般包括：志愿者组织介绍、志愿服务对象情况、具体的志愿服务岗位要求、与工作有关的各种技能和方法、志愿服务知识及责任，此外还有正式职员与志愿人员如何相互合作、支持的培训。

---

① 北京市民政局编．社区志愿服务项目化运作与管理——社会治理创新实践 [M]. 北京：中国社会出版社，2015:186-201.

（三）志愿者支持与激励

志愿者通过志愿服务获得自身价值的实现，也是志愿者享有的权利。在志愿服务过程中，要注意给予志愿者支持与保障，通过激励使志愿者持续地、热情地投入志愿服务工作。

对志愿者的保障包括：饮食保障，交通保障，确保安全健康的服务环境、工作空间及设备，必要的医疗和意外保险以及资金保障。

志愿者在个人生活或者志愿服务过程中可能会遇到挫折或者困难，影响到志愿服务的信心、热情和决心。为志愿者提供支持可以帮助他们保持健康快乐的状态，提升自信，增强自我认知与自我把控能力。需要提供的支持包括：同情、鼓励、休息的时间以及社交机会。为志愿者提供专业支持可以帮助他们提高技能、向督导和同事学习更多的专业知识，也是志愿者管理的重要组成部分。这些专业支持包括：学习、锻炼的机会、交流信息和经验的机会以及获得专业指导或者辅导的机会。

三、社区志愿服务项目风险管理①

志愿者往往关心社会困难群体，关注弱势群体，哪里有困难，哪里有需要，他们就向哪里去。因此，志愿服务项目是与风险伴随的。作为社区志愿服务管理人员，必须要树立风险意识，才能做好风险管理，杜绝和减少可能发生的各种伤害和损失。

风险是指不确定的事件或者条件。当这些不确定的情况和条件发生时，将会对社区志愿服务的目标产生负面的影响或损失。风险识别和风险分析贯穿在整个项目过程中。由于风险的不确定性和可能的破坏性，社区志愿服务项目的设计必须注意风险的管理。社区志愿服务项目中，志愿者是重要的组成部分，而由志愿者引发的意外事件，对服务项目也有着不可估计的影响。因此，在管理风险时，必须考虑所有与管理志愿组织有关的可能风险，而不仅仅是志愿者的可能伤害。

---

① 北京市民政局编．社区志愿服务项目化运作与管理——社会治理创新实践 [M]. 北京：中国社会出版社，2015:168-172.

（一）社区志愿服务项目的风险类型

社区志愿服务项目管理过程中常见的风险，可能会遇到来自社区居民、社区管理者、项目团队内部及志愿者等人员方面的风险，也可能会受到外部环境、自然灾害、突发事件等的影响。可能遇到的风险的类型：

1.人身风险，包括工作人员、志愿者、服务对象等的意外伤害、心理危机、健康疾病等。

2.政治风险，包括国家安全、政治影响等。

3. 法律风险，包括项目造成的违法乱纪、机构信誉损伤和诚信缺失。

4.财务风险，包括财产损失、财务问题等。

5.公共关系风险，包括媒体和社会舆论压力等。

6.不可抗力风险，包括项目实施过程中遇到自然灾害、紧急突发事件等。

（二）社区志愿服务项目风险管理的原则

社区志愿服务项目风险管理的原则是：

1.事先防范，防患于未然。严格按照风险管理计划实施项目，争取将风险扼杀在摇篮里。

2. 人永远是第一要素，如果风险发生，先救人，以人为本，再考虑其他因素。

3.争取时间。损失发生时，要争取第一时间到达第一现场，尽早处理损失。

4. 志愿服务造成的损失，事后进行积极处理和补偿。

（三）社区志愿服务项目风险管理的步骤

一个志愿服务项目和志愿服务团队只有承担一定的风险才能有效运行。但是，可以通过建立风险管理体系和方法，有效地防止或者至少减轻对财产、团体、组织和志愿者的损失和伤害，从而保护服务项目目标的完成。风险管理分五个步骤：风险管理计划、风险识别、风险评估、风险应对策略和方法、风险管理评估与改进。

风险管理需要编制计划，制定风险预案，尽可能将所识别的风险及采取的应对措施计划周全。对于所有列在风险识别中并且已决定加以管理的风险，需要考虑好对付风险的各种措施。不应该只是简单地列出风险，而需要做出计划，制订风险一旦发生应采取的行动项目。

志愿服务项目风险管理计划，就是对志愿服务项目中可能会遇到的风险进行预估，并针对这些风险预先提出解决项目，即风险预案。

风险管理评估对项目风险管理过程进行审视和总结，可以利用下表来进行评估，并将经验教训用于今后的工作改善。

表9-4　社区志愿服务项目风险管理示例

项目名称	项目目标	哪些地方可能出现问题	如何预防	对已经产生的伤害如何控制	我们可能付出的代价是哪些
茉莉花香——全职妇女关爱项目	为社区18名全职主妇开展成长性小组以及瑜伽课、手工课等兴趣课堂，丰富个人生活。同时开展就业辅导及培训、淘宝店培训等，为全职妈妈实现增收。	全职妈妈参与意愿低。 全职妈妈增收效果不理想。 成长性小组缺席率高。	在招募全职妈妈时，就与她们订立契约书，保证参与率。联系街道以及创业中心等资源，为全职妈妈增收提供支持。	积极协调各方资源，为确有困难无法参加的全职妈妈提供上门服务等。	如果增收效果不理想，可能影响到以后活动开设以及居民对社工的信任。

第五节　服务项目的评估

※

只有通过对服务项目进行评估才能评价志愿服务项目目标的实现情况，对服务对象、社会大众、资助单位及政府管理部门做出交代。要检验一个服务项目是否有效，需要对服务项目的完成情况进行一定的评估，主要包括服务过程的评估，以及服务项目目标达成情况的评估。从广义上讲，志愿服务评估包括了立项评估、团队评估、过程评估、财务评估、绩效评估、社会影响评估等多个方面，本书主要按照项目的进展阶段，分析作为项目完成阶段的评估活动。

一、社区志愿服务项目评估的目的与作用①

（一）评估的目的

对社区志愿服务项目进行评估的主要目的，一是考察服务工作的效果以及目标的实现程度。社区志愿服务项目运作是一种有计划、有目标的助人活动，评估的目的首先在于考察其是否实现了目标或在多大程度上实现计划的目标。二是总结工作经验、改善工作技巧、提升服务水平。通过评估可以发

① 侯玉兰，唐忠新主编．社区志愿服务理论与实务 [M]. 北京：中国社会出版社，2009:166-167.

现服务项目运作过程中存在的问题以及不足之处，从而总结经验教训，改进工作方法和技巧、提高服务工作质量。三是验证服务项目的有效性。通过评估可以验证服务项目是否有效，进而达到修改完善服务项目的目的。

（二）评估的作用

对服务项目进行评估，具有以下几方面作用：一是监督服务工作进度，起到督促、提醒服务对象和服务人员按计划开展服务活动的作用。二是巩固服务成果。通过评估可以帮助服务人员和服务对象总结服务过程，发现不足，从中寻找解决问题的途径，进而弥补自己的短处，发挥自己的优势。三是社会问责。一个社区服务项目是一种社会投资，志愿服务组织及其志愿者有责任使其取得最大的社会效益。而进行评估，首先是对服务对象负责，验证服务项目在多大程度上实现了计划目标；其次是对社会负责，评估其在多大程度上实现了应有的社会功能，是否说明使用资源的情况和效益，是否接受社会公众监督；再次是对服务组织和服务人员负责，评估服务项目和服务方法是否恰当、是否有绩效，找出改进的地方。四是作为项目结项的依据，同时也为项目购买方确定志愿服务组织能否继续承担项目提供依据和参考。

二、社区志愿服务项目评估的类型与内容

服务评估有不同的类型，如果从评估目的来看，服务评估可以分为过程评估和结果评估两种类型。①

（一）过程评估

过程评估是对整个服务过程的监测，它对服务过程的每一步骤、每一阶段分别做出评估，关注的重点在于服务工作的各个步骤和程序怎样促成了最终的服务结果，回答服务过程中发生了什么以及发生的原因。过程评估提供有关服务过程的各种信息，是对服务项目的一种全程跟踪评估。在服务工作的初期和中期，过程评估的重点是评估服务对象的表现和服务人员的作用和技巧，以便了解服务进程，适时修正服务项目，改进工作技

①（一）（二），见侯玉兰，唐忠新主编．社区志愿服务理论与实务[M]．北京：中国社会出版社，2009:166.

巧。在结束阶段，重在评估导致服务效果和服务对象发生变化的主要因素。

有专家总结了志愿服务项目过程评估的主要内容，制定了《志愿服务项目过程评估指标简表》，指标构成包括：项目实施进度、项目财务规范、团队的实际投入情况、志愿者的实际参与情况、项目服务对象对项目的认可与参与、项目亮点及特色、项目管理制度和流程的运行情况、项目风险。①

（二）结果评估

结果评估是在服务项目的最终阶段进行的评估，是对产出结果的一种评估，通常在服务过程结束时进行。它所关注的是预期目标是否达成、是否取得了明显成效。在进行总结评估时，应该关注以下问题：服务过程和服务方法是否对服务对象有效；服务对象发生了哪些积极的变化；服务人员还有什么事情可以做却没有做，并且分析其主要原因；服务人员在这一服务过程中学会了什么，有何感想和专业反思等。

结果评估也称为成效评估、绩效评估，有专家总结了《志愿服务项目绩效评估指标简表》，指标构成包括：项目目标实现程度、项目成果产出、项目效果、项目受益对象、项目社会影响、项目创新性、项目可持续性、志愿者的参与程度。②

（三）评估内容

服务项目结束后评估的内容可以是服务的投入产出情况，还可以是对设定目标完成情况的评估，还可以对服务对象的满意度加以评估。

1. 服务的投入产出评估

投入产出表现了一个组织对一项志愿服务所付出的努力和产生的结果。一般包括：投入情况评估（服务投入，input）指占用和消耗的实物指标及折算的价值指标。服务产出评估（服务产出，output）指项目投入的直接产出，比如接受过某项志愿服务的人次等。服务结果评估（服务结果，outcome）指服务产出所实现的服务成效或实际影响，比如服务对象接受服务后发生了哪些正向的改变、社区环境的改变情况等。服务效率评估指服务项目的投入产出比（output/input），即每一个单位投入所实现的服务产出。服务效能评估（outcome/input）是服务项目的投入结果比，每一个投入

① 邱服兵，涂敏霞主编．志愿服务项目评估理论与方法[M]．广州：广东人民出版社，2017:161.

② 邱服兵，涂敏霞主编．志愿服务项目评估理论与方法[M]．广州：广东人民出版社，2017:247.

单位所产生的服务效果。

2. 服务质量评估

是对服务产出的质量进行的评估，可以通过服务对象的满意度来测量服务的质量，要求服务对象对服务过程的主要方面进行打分，如对志愿者的服务态度是否满意、对志愿者的服务效果是否满意、提供的服务是否满足了需要等。最后将问卷加以汇总，从中了解一项志愿服务项目取得的成效。

3. 目标模式评估

该评估模式所关心的是测量服务取得的具体成效与结果，是否完成了项目预定的目标，称之为目标模式（goal model）。将此模式运用于项目评估时，研究者需要了解项目的目标是什么，然后再发展出测量工具或根据项目计划书的测量指标，去测量目标是否达成。如：某志愿服务项目的目标是改善社区老人健康基础管理工作，要求居民健康档案资料完整，那么评估时可以抽查若干居民，查看有没有完善的记录。可以将服务项目要达到的目标分解为若干具体任务和具体目标，评估服务人员完成了哪些既定任务，达成了哪些具体目标。一般运用五等级法来测量目标的完成情况，分别是：没有进展、极少完成、部分完成、大体上完成和全部完成。

三、社区志愿服务项目评估的过程与方法

（一）评估的一般步骤

对服务项目进行评估过程可以分为五个步骤：[①]

1. 确定目标

如果没有清楚地界定目标，那就很难去评测服务项目是否取得了预期目标。因此，无论是过程评估还是结果评估，都必须先清楚服务的目标，包括阶段性目标和总目标。

2. 确定评估标准

确立评估目标后，应该考虑怎样去测评它们。将评估目标的表达转变

① 徐永祥主编 . 社区工作 [M]. 北京 : 高等教育出版社 ,2014:212-213.

为可以观察和量度的指标叫作操作化。在进行评估时，可操作性、可观察的指标是正确评估的基础。因此，在进行评估之前，必须有明确的操作化指标，建立评估标准。

3. 选择适当的评估设计

在现实生活中，往往难以分辨我们的工作到底是否带来问题，服务对象得到改善的主要原因又是什么。为了弄清项目的有效性，有条件时需要设置实验组与对照组，即将服务对象与未接受服务的人群做对比；或要运用时间序列测量，即测量和比较不同时段的成果转化。例如，可以将服务对象在接受服务前后的状况做一下比较，以观察不同时间阶段是否有差别。

4. 选择适合的资料收集方法

在选定了测量指标及研究方法之后，要决定怎样去收集资料。

收集资料的方法有很多种，包括问卷调查法、访谈法、观察法等等。

5. 进行有效性评估

当收集完有关资料后，需要对这些资料进行分析，以评估服务项目是否能够达到预期的目标，以及这当中出现的差距和原因。评估项目可以从任务完成情况进行测量或从目标实现程度方面进行测量。

（二）评估的方法

1. 指标设计法

指标是用来测量志愿服务效果的一组可以观察的具体事物。有时服务结果很难测量的，所以必须选择可测量的项目进行评估，进行指标设计。如一位志愿者访问一位社区老人是否降低了老人的孤独感，可能不易评估，但可以通过受访老人对志愿者的满意度来测量，即可看出服务是否有效。

2. 对比评估法

一项好的评估研究，真正需要的是比较研究，也称为实验研究，即是去探究在某一实验团体因接受服务而引起的改变，而在另一控制团体（未接受服务的团体）是否有同样的状况。如：在甲社区推行社区文化教育志愿服务项目一年后，发现居民社区意识增强，社区参与率提高了；而在乙社区不推行该项目，发现居民社区意识没有改变，说明该项目取得了成效。

3. 快速农村评估法

为避免前述评估方法的烦琐、复杂等缺点，快速、有效、节约、直接面对受益群体的评价方法，一般采取参与观察、非结构的访谈、焦点小组等调查方法。

评估服务项目最好采取复合途径（a combination of approaches）。即指运用个案研究、统计、记录与报告、工作成果、访问有关人士（如管理者、员工、受服务者、方案创立者等），然后将这些讯息放在一起，试图去形成一个具体的图像，评估某方案是否有效。

志愿服务项目评估案例

南京市完善公益招投标项目评估制度的有益探索

近年来，随着南京市政府购买社会组织服务力度的不断加大，公益招投标项目的评估制度也不断完善，对包括社区志愿服务在内的社会服务项目加强了评估监管，以确保政府购买服务资金的安全性和绩效性。在评估周期上，建立了从立项到结项的全程评估，包括立项评估、期中评估和结项评估，形成多家社会组织竞标的良性竞争局面，确保由最适合的社会组织承接项目，并保质保量地完成项目，使每一项政府购买服务都物有所值。

在评估主体上，由第三方评估机构牵头组织实施，实现了评估主体的多元化。项目评估成员通常由高校专家、民政部门分管领导、落地街道社区负责人等3–5名人员组成。另由独立的会计师事务所对项目的财务状况进行审计或由社会组织行业财务专家对项目的原始账目等财务活动进行实地检查。2019年10月15日在南京第六届社区暨社会公益服务项目洽谈会上首次进行“双随机、一公开”现场执法监督抽查摇号，对社会组织财务状况和项目执行情况进行检查，确保政府购买服务资金的安全性。

在评估方式上，实现了评估方式的多样化，避免了仅凭社会组织提供纸质材料和PPT汇报进行评估的不足。一是由社会组织汇报、专家打分。由承接项目的社会组织提交评估报告，由项目负责人现场陈述，专家现场提问并打分。二是现场评估。由第三方枢纽型社会组织实地走访项目点，考察项目运作的软硬件环境，抽取被服务对象进行满意度测评，对项目的日常运作打分。将过程评估与结果评估相结合。三是相关部门评估。由项目落地的街道、社区对项目实施情况进行满意度打分。四是由第三方会计师事务所专门评估项目的资金使用状况。

在评估内容上，更加综合全面，包括项目完成情况评估、资金使用情况评估以及项目的社会综合效应评估。制定了规范详细的项目评估分值表，评估指标体系通常由三级指标构成，有关项目完成情况及项目的社会综合效应方面由专家现场打分评估（具体评估指标详见南京市公益招投标项目结项评估分值表）。而对项目的资金管理和使用则由第三方会计师事务所单独进行评估打分，从资金使用的规范性和劝募能力两方面进行打分。专家评估分值占权重65%，会计师事务所对项目资金使用情况的打分占权重15%，枢纽型社会组织的日常监测评分占权重20%，三项得分合计为项目评估总分，70分为项目通过评估的合格线。

南京市公益招投标项目结项评估分值表

项目名称： **承接机构：**

一级指标	二级指标	三级指标	分值	得分
项目进展（55分）	项目计划（15分）	项目进展与计划预期一致，总体完成项目目标的100%。好的15-11分，良好10-6分，一般5-1分。	15	
	服务对象（10分）	项目覆盖人群与计划的一致性，其中直接和间接服务人数占规定或计划数的100%以上。好的10-8分，良好7-4分，一般3-1分。	10	
	项目内容（10分）	项目内容具体明晰，与社区工作、机构其他业务服务等边界清晰，契合服务需求。好的10-8分，良好7-4分，一般3-1分。	10	
	项目实施（10分）	项目运作有明确的计划安排，各实施阶段有效衔接，且有服务自我评估、应急预防和反思总结。好的5分，良好4-3分，一般2-1分。	5	
		服务过程中运用了专业的理念、方法等。好的5分，良好4-3分，一般2-1分。	5	

（续表）

一级指标	二级指标	三级指标	分值	得分
项目进展（55分）	项目团队（10分）	项目实施核心团队（专兼职人员）的数量、专业资格、等级、资历及持证社工、持证护理员或执业医师等专业人员占全部工作人员的比例情况。好的5分，良好4–3分，一般2–1分。	5	
		外部支持团队（专家团队）专业资质、职称和开展专业服务情况。好的3分，良好2分，一般1分，没有不得分。	3	
		有稳定的志愿服务团队，志愿者专业能力、工作情况。好的2分，一般1分，没有不得分。	2	
项目成效（45分）	服务成效（25分）	项目实施得到政府、社区、公众和服务对象的支持、配合和响应以及相关方的评价。好的8—6分，良好5–3分，一般2—1分。	8	
		项目覆盖人群家庭生活、精神状态等得到改善改变情况（有典型案例供考评）。好的10–8分，良好7–4分，一般3–1分。	10	
		项目实施与社区建设契合度情况（推动服务对象参与社区民主自治，互帮互助，邻里守望等）。好的7–6分，良好5–3分，一般2–1分。	7	
	项目影响（15分）	信息公开和加强对外宣传交流情况。其中市级以上媒体正面宣传报道的得5分，其他视情况得4–1分。	5	
		项目的实施和典型案例对同类服务起到示范影响，具有良好示范性和可推广性。好的10–8分，良好7–4分，一般3–1分。	10	
	劝募能力（5分）	项目得到相关资金配套、社会捐赠等支持情况。其中配套和捐赠款物价值3万元以上的得5分，3—1万元的依次得4–1分，其他视情况得分。	5	

参考文献

[1]北京惠泽人咨询服务中心编.志愿服务项目管理——学习与应用手册.2011.

[2]北京市民政局编.社区志愿服务项目化运作与管理：社会治理创新实践[M].北京:中国社会出版社,2015.

[3]北京志愿服务发展研究会.中国志愿服务大辞典[M].北京:中国大百科全书出版社,2014.

[4]蔡大鹏编著.社区管理信息化[M].北京:北京工业大学出版社,2009.

[5]丁元竹,江汛清,谭建光主编.中国志愿服务研究[M].北京:北京大学出版社,2007.

[6]丁元竹,郑瑞涛,王鹏.志愿服务指标体系研究[M].北京:清华大学出版社,2018.

[7]高鉴国主编.社区工作[M].济南:山东人民出版社,2013.

[8]何艳玲.都市街区中的国家与社会：乐街调查[M].北京:社会科学文献出版社,2007:122.

[9]侯玉兰,唐忠新主编.社区志愿服务理论与实务[M].北京:中国社会出版社,2009.

[10]李学斌主编.现代社区建设专题研究[M].北京:中国社会出版社,2016.

[11]罗家德,梁肖月.社区营造的理论、流程与案例[M].北京:社会科学文献出版社,2017.

[12]穆青主编.志愿服务理论与实践研究[M].北京:北京理工大学出版社,2010.

[13]邱服兵,涂敏霞主编.志愿服务项目评估理论与方法[M].广州:广东人

民出版社,2017.

[14]全国社会工作者职业水平考试教材编写组编写.社会工作实务・中级[M].北京:中国社会出版社,2015.

[15]全国社会工作者职业水平考试教材编写组编写.社会工作综合能力・中级[M].北京:中国社会出版社,2015.

[16]佘双好主编.志愿服务概论[M].武汉:武汉大学出版社,2013.

[17]宋庆华主编.沟通与协商:促进城市社区建设公共参与的六种方法[M].北京:中国社会出版社,2012.

[18]唐忠新.社区服务思路与方法[M].北京:机械工业出版社,2003.

[19]唐忠新.现代城市社区建设概论[M].上海:上海交通大学出版社,2008.

[20]王名.社会组织论纲[M].北京:社会科学文献出版社,2015.

[21]吴元兵.基层志愿服务活动的策划与传播[M].北京:人民出版社,2016.

[22]香港社会服务发展研究中心.社区社会工作实务手册[M].广州:中山大学出版社,2013.

[23]徐永祥.社区发展论[M].上海:华东理工大学出版社,2001.

[24]徐永祥主编.社区工作[M].北京:高等教育出版社,2004.

[25]徐勇,陈伟东.中国城市社区自治[M].武汉:武汉出版社,2002.

[26]徐宇珊.服务型治理:社区服务中心参与社区治理[M].北京:社会科学文献出版社,2016.

[27]张书颖,曹海英主编.社区矫正社会工作服务项目操作指南[M].北京:知识产权出版社,2013.

[28]张祖平,闫加伟,陈麟辉主编.志愿服务组织管理精选案例汇编[M].北京:人民出版社,2016.

[29]中共中央办公厅 国务院办公厅印发《国家信息化发展战略纲要》[EB/OL].http://www.gov.cn/xinwen/2016-07/27/content_5095336.htm,2016-07-27.

[30]中国社区营造案例集(二)社区营造工具包[R].成都:全民社造实践平台,成都社造家文化传播有限公司,2019.

[31]中国志愿服务联合会编著.中国志愿服务发展报告(2017)[M].北京:社会科学文献出版社,2017.

[32][美]戴维・A・哈德凯瑟等.社区工作理论与实务[M].夏建中等,译

校.北京:中国人民大学出版社,2008.

[33][美]马克·A. 缪其克,约翰·威尔逊,志愿者[M].魏娜,译.北京:中国人民大学出版社,2013.

[34][美]项目管理协会.项目管理知识体系指南[M].卢有杰,王勇,译.北京:电子工业出版社,2018.

后　记

※

2017年5月，江苏省文明办、共青团江苏省委为加强全省青年志愿服务的培训，发挥高校师资力量，委托各高校共同编写一套江苏省志愿服务丛书，本人有幸承担了编写《社区志愿服务》一书的任务。在编写过程中，发现已有社区志愿服务教材种类很少，仅有两部：一是侯玉兰、唐忠新主编的《社区志愿服务理论与实务》（中国社会出版社，2009年版），完稿于2008年，距今已有十余年；二是《社区志愿者手册》（中国社会出版社，2010年版），该书为通俗的常识问答式，内容过于简单，理论性和操作性不强，不适于作培训使用。确实需要提供一本理论与实践相结合的、反映最新社区志愿服务理论与实践的高质量指导图书。为避免与丛书其他作品内容重复，本书将社区志愿服务的内容确定为社区志愿服务的特定领域，包括社区便民生活志愿服务、邻里互助志愿服务、社区文化志愿服务、社区居民自治志愿服务、社区矫正志愿服务，而不是传统的社区老年志愿服务、青少年志愿服务等人群服务。在实务技巧方面，本书侧重于如何接触社区及居民、动员居民参与、撰写社区志愿服务项目等社区工作方面的特有技巧。

本书各章作者分工如下：第一章（李学斌，张晓妍）、第二章（李学斌，熊杰）、第三章（钱慧）、第四章（张杨陈冰，李学斌）、

第五章（金琳）、第六章（陶文慧）、第七章（李勤）、第八章（李学斌，赵方），第九章（蔡云彤）。全书由李学斌最后修订统稿。特别感谢共青团江苏省委及南京理工大学团委的大力支持资助，感谢南京出版社的辛勤劳动和努力，最终促成了本书与读者的见面。

最后，要感谢志愿服务方面专家学者的研究成果，本书多有吸取和引用，并尽可能标出资料来源。感谢参与社区志愿服务的爱心人士，是他们用爱心无私奉献、服务居民，为人们创造出美好的社区生活。由于编者学识水平有限，书中一定会存在不少疏漏和不当之处，敬请读者批评指正。

编者